elefante

conselho editorial
Bianca Oliveira
João Peres
Tadeu Breda

edição
Tadeu Breda

preparação
Camila Campos de Almeida

tradução para o kaingang
André Luís Caetano

revisão do kaingang
Lorecir Koremág Ferreira

revisão
Luiza Brandino

capa
Alles Blau Estúdio

ilustração da capa
Moara Tupinambá

direção de arte
Bianca Oliveira

assistência de arte
Sidney Schunck

diagramação
Daniela Taira

jr. bellé

mỹnh
fi nugror
to vẽsikã
kãtĩ

retorno
ao ventre

*Para a kujá Iracema Gah Té
e todo o povo kaingang*

ga tag vỹ tỹ kanhgág tũ nĩ
ẽg ne to tomẽj mũ

a terra é do índio
não tem por que esperar

— Nelson Xangrê,
pã'i mág kaingang

encontro
clarão
o sonho
como se diz mãe
ventre e cemitério
demarcação

memória
os primeiros antepassados
paraná
armas do tempo ancestral
apagamento
koran-bang-re
o bugreiro
kófa

partida
o destino do dia
a expedição
peste branca
propriedade do homem
expiação
herança
tia pêdra

retorno
mátria
genealogia
urgência
o sangue da terra
retomada
mãe

156	tradução e resistência
158	glossário
160	agradecimentos
164	sobre o autor

kato tẽ 10
to jẽngrẽg
vẽnhpéti
ẽg mỹnh to ne ke tĩ
tỹfór mré vẽnh kẽj
ga ránrán

vẽnh jykre 36
ũn si vén ja ag
paraná
ãsy ũn si ag no
nhyn nhyn ke
koran-bang-re
bugreiro
kófa

tĩg ja 78
ã hẽra tĩg mẽ
mũ ja ra
kaga kupri
fag tỹ ẽg tũ pẽ
to ki rĩr
inh sũ pẽ
tia pêdra

vẽsikã kãtĩ 126
mátria
ẽg hẽ tá kãmũ ti
han to furũn
ga kyvénh
vyn mãn ge ke tĩ
mỹnh

kato tẽ

encontro

clarão

um dia minha tia pedrolina me disse
— e parecia um clarão na sua noite de alzheimer —
tu tem raiva nos olho que nem tua bisa meu fîo
mas tu nem conheceu tua bisa né
e eu disse nem vovó eu conheci
e minha tia disse nem tua mãe tu conheceu direito meu fîo
tu só conhece a morte — que veio antes ou que veio cedo

tua bisa tinha esse olho aí que tu tem daí ficava tudo moiado
espiando o tibagi minha tia disse
ela gostava de banhar aqui na beira desse rio o tibagi
e daí se atirava lá né e não dava mais pra saber
o que que era ela o que que era rio
nem dava pra saber daí se o tibagi que tinha a cor dela
ou se ela que tinha a cor do tibagi
os dois feito água fingida de terra os dois
meio peixe meio cobra

tia a gente tá no hospital em curitiba eu disse
não meu fîo ela gostava de banhar aqui pertinho aqui no tibagi
a bisa vinha lá da ribeira tia?
não meu fîo tua bisa vinha dos bucho do mato
que nem eu e tua mãe minha tia disse
que é donde tá prantado nossos umbigo
mamãe era branca
só por fora meu fîo
a nona chamava minha mãe de bugra eu disse
é que tua nona era uma vaca minha tia disse
que deus a tenha
e tua mãe não era bugra era fía do mato
que nem nossa mãe tua vó era dessas foia moça
     dos tronco véio
e que nem nossa vó tua bisa era uma fiínha do mato
uma foínha verdinha verdinha dos primeiro tronco véio

to jēngrēg

kỹ inh *tia* pedrolina fi tóg inh mỹ ge mū
— jē tóg jēngrēg mū ve nī vēnhgaga kórég tỹ *alzheimer* kuty ki —
jū mē ā *bisa* fi kóm
mỹr ā pi ā *bisa* fi ki kanhró nī
kỹ sóg inh pi ver inh *avó* fi kinhrām mū gé
inh *tia* fi tóg ser ā pi ā mỹnh fi mré hā kīnhra nī gé vēser tỹ vī hā
kīnhra — ā fi tóg ā kanē tag ge nīg

goj mág tỹ *tibagi* pāvānh nīgtī gé
goj mág fyr mī tóg mro kamā nī vē ke fi tóg ti mỹnh sī fi
kỹ isóg goj ki pun ke tī vē isỹ tō kīnhra nīn jé
tỹ ū tỹ ne nī fi kar ne nē vē goj mág ti
pi ser ki kanhró nī vē *tibagi* ne je tóg tỹ fi rá ve nī
ketūmỹr fi ā je tóg goj mág tỹ *tibagi* rá ve nī
ūn régre ag tóg ónkỹ tỹ ga vē tỹ goj ve
tỹ krēgufár ve kar tỹ pỹn ve ke gé

tia *hospital* ki ēg tóg nỹtī ke sóg mū *curitiba* ki
vó inh kósin goj mág tỹ *tibagi* ki fi tóg mro kamā nī
inh *ā bisa* fi tóg goj mág jagma kātīg tī *ā tia*?
ha vé inh kósin ā *bisa* fi tóg nēn mág nug kā tá kātī ti
inh rike kar ā mỹnh fi kóm ke fi tóg mū ā tia fi
hā tá ēg nūgnin ti krān kỹ nỹtī ti
mỹnh fi tóg kupri nī vē
fi pi tỹ fóg ve nī vē
inh *nona* fi tóg inh mỹnh fi mỹ *bugra* ke tī vē
ā *nona* fi tóg tỹ monh fi rike nī ke tī
topē tóg fi nīm han
ā mỹnh fi pi tỹ *bugra* nī vē nēn ga kósin fi ja vē
tỹ ēg mỹnh rike ā mỹnh kófa fi tóg ke nī vē ka jāre ēn ge
tỹ ēg mỹnh kófa rike nī ā bisa fi tỹ nēn ga krē nī vē kaféj sī
tánh sī tánh sī ka jāre mur tāg ēn rike

vento soprô e levô ela embora

e como chamava a bisa?
não sei não
e onde nasceu a bisa?
não sei não
e como era a bisa?
não sei não minha tia disse
e quem sabe?
os morto meu fîo tu tem que perguntá pros morto

kāka tóg fi ki uuuuu ke mū kỹ fi ma vyr mū ser

ā hēren kỹ ā *bisa* fi japrēr tī vē?
inh pi kīnhra nī
hē tá *bisa* fi mur mū?
inh pi kīnhra nī
bisa fi hēre nī vē?
inh *tia* fi tóg inh pi kīnhra nī
ū tỹ ne nỹ ki kanhró nī?
ūn kēgter ja ag ūn kēgter ja ag mỹ to vī

o sonho

conta-se mas ninguém ouve
houve mas ninguém conta
que ela era filha do sul

e por isso ninguém sabe e ninguém nunca saberá
se kaiowá nhandeva se yaró mbyá
se xokleng se charrua carijó ou xetá

— nem uma linha uma vogal um registro —

não sei o povo de minha bisavó
não sei a terra nem sei a chuva
mas na noite em que voltei do hospital
pouco depois de dormir
afundei num sonho de águas barrentas
e senti uma cobra grande roçando meus pés

ela nadava se confundindo com as ondas
e deslizava suas escamas para fora do rio
a cabeça maior que um touro seu corpo
elegante e monstruoso perdia-se de vista

abriu sua boca caverna e mostrou as presas
gotejando como estalactites venenosas
entre elas estendeu a língua
como se estendesse um tapete vermelho
por onde saiu caminhando tranquila
uma criança

com a lama da margem ela desenhou dois traços retos
debaixo de cada olho dela
e debaixo de cada olho da cobra enquanto dizia

vẽnhpéti

tó tóg ser hãra ũ pi mẽg mũ
mẽg tóg mũ hãra ũ pi tó tĩ
fi tỹ *sul* kósin nĩ ti

hã kỹ ũ pi kĩnhra nĩ kar ũ pi ki kanhró nĩj mũ gé
je *kaiowá nhandeva* kar *yaró mbyá*
je *xokleng* kar *charrua carijó* ketũmỹr *xetá*

— vãfe tũ vogaj ketũmỹr to rán ja —

inh pi ki kanhró nĩ ũ tỹ ne ti tỹ inh *bisa* kanhgág ag
inh pi ga ki kanhró nĩ kar ta ti
hãra kuty ũ mỹ isóg *hospital* to vỹn ke mũ
isỹ nũr mãn jo
goj jẽgrá ki sóg pun ke mũ inh vẽnhpéti ki
pỹn mág fi tóg inh pẽn rã vo tĩgtĩ

goj tỹ rũmrũm kãmĩ fi tóg mro kar ve kórég krĩ tỹ
     vẽnhmỹ ke tĩ
fi fár tỹ fi tóg goj fyr tá jym ke tĩ
monh mág kãfór fi krĩ ti
sĩnvĩ tỹ vĩ mré mag tỹ vĩ vej vãnh tá jun tĩ

fi jẽnky mág tỹ róm ke mũ fi jã mág vinven mũ
pénjo rike gronh ke tĩ
fag jagfy fi tóg fi nũnẽ kujén kỹ fig mũ
je tỹ kur kusũg tỹ jagma kujén kỹ fig mũ
hã tá gĩr sĩ fi tóg ve há ke kỹ tĩ nĩ

goj jagma kãgrór tỹ rá téj régre han mũ
fi kanẽ kar ag krẽm
pỹn fi kanẽ kar ag krẽm kỹ fi tóg ge tĩ

nũgme jãgti

ela tinha a voz da minha mãe
e eu que jurava já ter esquecido a voz da minha mãe
acordei
sufocado pela lembrança devolvida
em palavras tão familiares e desconhecidas

nũgme jãgti

não sei o povo não sei a terra nem sei a chuva
mas sonhei com uma criança e escolhi chamá-la de bisa
ouvi sua voz como se ouvisse minha mãe chamando
me pedindo pra voltar pra casa

nũgme jãgti

esse som ficou na minha cabeça por dias
sendo apenas isso — um som
ainda sem grafia sem imagem sem sentido

descobri depois pesquisando num livro
sobre os povos originários do paraná
que essa é uma expressão da língua kaingang
e quer dizer *o sonho dos mortos*

o sonho que a gente tem
quando precisa acalmar a saudade
de quem se foi

talvez tudo seja acaso
— o clarão o sonho o livro —
mas escolhi chamá-la de bisa

escolhi chamar *nũgme jãgti*
de reencontro

nũgme jãgti

inh mỹnh fi vĩ rike
kỹ sóg inh mỹnh fi vĩ kãjatun ja tũ nĩ ver
mrin ke mũ
jykre to jēmẽg nĩgtĩ
inh kēge ag vãmén ja si to

nũgme jãgti

ag hã mēn ketũmỹr ga ti ketũmỹr ta ti
ũn sĩ fi to vẽnhpéti kỹ inh ne fi mỹ jyjy tỹ *bisa* kē mũ
isỹ ã vĩ mẽg mũ tỹ inh mỹnh fi vãmén hã
inh mỹ ha ĩn ra tĩg

nũgme jãgti

vãkyr tag tóg inh krĩ kã kã nĩgtĩ kurã kar mĩ
tag tỹ vĩ — vãkyr tĩ
ver vẽnhrá tũ kar kãgrá tũ ne ja há tũ

vég inh ne mũ rivro ki jãvãnh kỹ
kanhgág si ag *paraná* tá
tag vỹ tỹ kaingang ag vĩ pē nĩ
hã to ẽg tóg vẽser ag vẽnhpéti ke tĩ

ẽg tỹ vénhpéti nỹtĩn kỹ
ēkrén ja tỹ tũ ken jé
ũn vyr ja ti

inh mỹ tóg tỹ vẽ jy kẽ nĩ
— jẽngrẽg kar vẽnhpéti mré rivro ag —
hãra sóg fi jyjy tỹ *bisa* ke mũ

hã kỹ sóg to *nũgme jãgti* ke mũ
to kato tẽ

como se diz mãe

há coisas que só deveriam ser ditas na língua materna
histórias que só deveriam ser escritas na língua materna
esta é uma delas

esta é a história de uma ausência

esta é a história da mãe da mãe da minha mãe
e como não sei seu nome não sei seu rosto
te chamarei de *mỹnh*
que é como se diz mãe em kaingang

esta é a história de *mỹnh*
esta é a minha história

ẽg mỹnh to ne ke tĩ

né ũ tóg ẽg vĩ pẽ tỹ vĩ ki tój ke nĩ vẽ
kar kãme ũ tóg kanhgág vĩ tỹ vĩ ki rán ke nĩ vẽ
ag kã´ũ vẽ vẽnhrá tag ti

kãme vẽnhrá tag tóg tỹ kãja tun ja tũ nĩ

kãme vẽnhrá tag vỹ tỹ nỹ tỹ nỹ tỹ inh nỹ fi tũ nĩ
kar inh pi vẽnh jyjy ki kanhró nĩ kar vẽnhkakã ũ ke gé
kỹ sóg ã mỹ *mỹnh* kej mũ
ẽg nỹ to ne ke tĩ

tag vỹ *mỹnh* fi kãme nĩ
tag vỹ tỹ inh kãme nĩ ser

ventre e cemitério

a criança que saiu da boca da cobra
trazia testemunhos debaixo da unha
da unha que furou o chão
do chão que virou toca
da toca que virou casa

a criança que saiu da boca da cobra
me convidou para entrar:

a casa não era dela
mas dos primeiros antepassados
a casa dentro da terra

era grande e redonda e profunda com misteriosos túneis
de barro batido e paredes revestidas de pedra
dentro delas os cestos as cerâmicas e o pinhão
sapecado na grimpa

nos arredores sobrevive seu arquivo vivo
escrito na semeação das matas e debaixo delas
os cemitérios com seus ossos e os ossos
com a biografia dos mortos que se foram
e dos mortos que permaneceram

deitei minhas costas nuas sobre uma esteira de madeira dura
perfumada de fogo — seu nome é caviúna me disse *mỹnh*
com a voz da minha mãe ela me disse: é nossa parenta
a árvore que abraça o amargar dos cadáveres
recende o enrijecer dos músculos a palidez dos lábios
e o sono dos olhos da noite pesando

passei as mãos ao redor: tudo era terra tudo era luto
então um tremor
sobre minha cova sobre nossa casa: alguém

tỹfór mré vẽnh kẽj

gĩr fi tỹ pỹn fi jẽnky ki kutē mũ tóg
fi nĩgru krẽm fi tóg nén rá há ma kātī
nigrũ tỹ ga nón ja ti
ēprã tỹ ga nón ja ti
ga nor ti tỹ ĩn han ti

gĩr tỹ pỹn jẽnky ki kutē ti
inh mỹ kur kã rã ke mũ:

ĩn pi tỹ fi tũ nĩ
hāra ũn si ag tũ
ga nor kāki ĩn ti

mag tỹ vĩ kar nig gy tỹ vĩ kar ga nugnor e tỹ vĩ
ĩn vỹ tỹ gó'or tỹ ke kar pó tỹ ke gé
kāki kre ag kar kre tỹ gó'or mré fág ag
fág féj kri kusin sin

pénĩn nénũ si tóg ver nỹtī
nẽn mág ag krẽm rán kỹ nỹtī
vẽnh kẽj mré ag kuka
kẽgter ja ag mré ag kāme ũn kagy ja ag ke gé
ũn kẽgter ja ag ver ki nỹtī

inh nin tỹ vān fy ja kri nỹ mũ
to pĩ nĩja ger — ka tag jyjy vỹ tỹ fó ke mũ inh mỹnh fi
tỹ inh mỹnh fi vĩ ki fi tóg: ēg régre fi vẽ ke mũ
ka ti kẽgter ag ki nhun ke ja
ēg mó tỹ ger há kar jẽnky fár tỹ kupri
kar kanē ag nũgnũr sór kuty ũ tá

inh nĩgé tỹ pénĩn tĩn mũ: kỹ sóg
jỹgjỹg ke mũ
ēg vẽnhkẽj to ēg ĩn to: ũ tóg

pela gravidade dos passos
o tempo começa a escorrer junto à poeira
e rugas vão rasgando destinos na minha pele
meu cabelo embranquece feito neblina
quando a criança toca meu queixo
fecha minha boca e diz:

o tempo que fica em cima meu filho é o tempo novo
aquele que chegou no sopro das caravelas é o tempo que está
é o que nos resta é o que se esvai e se chama *ũri*

em *ũri* a carne e apenas a carne a pedra e apenas a pedra
a matéria e apenas a matéria são as substâncias da vida
    e do real

o tempo que fica embaixo meu filho é o tempo antigo
aquele que cai e se acumula e nos enterra é o tempo ancestral
é o que se foi e o que será e se chama *vãsỹ*

em *vãsỹ* a palavra e não apenas ela o espírito e não apenas ele
a matéria e não apenas ela são as substâncias da vida e do real

entre os dois tempos se abre uma fissura
e migalhas de sol se põem sobre meus pés

estou morto
estou pronto pra nascer

ventre e cemitério habitam a mesma terra
e fazem dela território: o sangue e o solo

ouço os soluços de minha mãe chorar
ouço os gritos de minha mãe parir

o umbigo de um kaingang
quando nasce é plantado
no mesmo lugar onde seu corpo
quando morre é sepultado

assim as substâncias da vida e do real
se tornam a substância do sagrado

to tĩg fã kufy ti
ga funfur tóg to jóm ke tĩ
kar ẽg kófãn ja tóg ẽg fár ta tónh ke tĩ
inh gãnh tóg kóprénh ke tĩ krũnh kóm
gĩr tóg inh jã pẽn to krỹg ka ser
inh jẽnky nĩfénh kỹ:

ẽmãn tóg inh kósin kri nĩ tóg ver tãg nĩ
ũ tỹ jun mũ ki kãkénh ti pãmĩ to ẽmã tỹ kã nĩ
hã tóg kén mũ ser hã tóg tĩgtĩ ser hã to ẽg tóg *ũri* ke tĩ

ũri tóg nĩ vỹ tỹ nĩ nĩ pó vỹ tỹ pó nĩ
ẽg há vỹ tỹ há nĩ hã vé ser

ẽmã tỹ krẽm nĩ inh kósin hã vỹ si há nĩ
ũ tỹ ẽprã kutẽ kar vẽnhmãn tĩ kejẽn tóg kri gan tĩ
hã tóg tĩ mũ ka tóg ge nĩnh mũ ti jyjy vỹ tỹ *vãsy* nĩ

vãsy ki paravra pi tỹ ti pir jẽ tỹ vẽnhkuprig rike nĩ ti tỹ vĩ pijé
ti há kar ti kuri ẽg há ki

kurã si jagma tóg jãnkénh tỹ róm ke tĩ
rã mru tóg inh pẽn to nỹtĩ

inh sỹ ter nĩ
isỹ mur ja to rã ser

mỹnh nugror fi to vẽnhkej tóg ga pir ke ẽmãn tĩ
hã tỹ fi ẽmã han tĩ ser: vẽnh kyvénh mré ga ti

inh nỹ fi fỹ kỹ jy'yn mẽ sóg mũ
inh nỹ fi mãn sór kỹ ãnh ke mẽ sóg mũ

kaingang nũgnin ti
ti mur kỹ krãn tĩ ser
ti nỹ ja ã ki
ag ga krẽm ti fi ja ki

hã kỹ ser nén ũ kar tóg
tỹ topẽ tũ kar nỹtĩ

Kanhgág ag ĩn kãgrá kaingang ag tũ, tỹ *Taquara-Itararé*. Kãgrá tag tóg ag ĩn há han ven mũ gé: ga nugnón kỹ ga krẽm jag kato tigtẽ tĩ vẽ. Kãgrá tag han mũ jyjy vỹ tỹ Breno Ferreira, tỹ vẽnhkãgrá pẽ tỹ Luciano Veronezi, kar tóg tỹ *Centro de Estudios Arqueológicos kar Históricos tỹ Paraguay (Ceahp)* tũ nĩ.

Composição artística de uma aldeia de casas subterrâneas da cultura kaingang, de tradição taquara-itararé. A ilustração, no entanto, omite um aspecto importante destas habitações: o complexo de túneis que ligava uma casa a outra. O redesenho é de Breno Ferreira, baseado na arte de Luciano Veronezi, e faz parte do acervo do Centro de Estudios Arqueológicos e Históricos del Paraguay (Ceahp).

demarcação

no calendário do homem branco corria o ano de 1910
e a novíssima república brasileira
decide acolher a ideia do general
cândido mariano da silva rondon
e criar o *serviço de proteção aos índios*
e *localização de trabalhadores nacionais*
com uma diretoria-geral na cidade do rio de janeiro
e outras 13 instâncias regionais
espalhadas por diferentes estados da federação

no paraná a 7ª inspetoria regional foi instalada
no dia 1º de outubro na capital da província
o comando ficou a cargo do capitão josé ozório
do setor de engenharia do exército nacional

josé ozório recebeu três contos de réis
alugou uma casa modesta na rua 1º de março nº 2
no centro de curitiba e comprou móveis:
quatro sofás três escrivaninhas duas estantes de livros
que nunca receberam livros apenas documentos ofícios
correspondências escrituras contratos certidões
dez cadeiras em madeira de lei
uma poltrona austríaca e uma estofada
nenhum tapete nenhum quadro nenhum vaso nenhuma flor
apenas três espelhos — um para cada banheiro
um mancebo para a sala de recepção
utensílios diversos de cozinha e limpeza
e farto material de escritório

contratou o escrevente sr. tibúrcio dos santos ribeiro
e convidou o governador do estado sr. francisco xavier da silva
bem como a elite política e econômica da capital
além das mais importantes autoridades militares
para um bufê de inauguração

ga ránrán

fóg ag kurã kã prỹg tỹ 1910 kã
ẽg ẽmã mág tỹ *brasil* vỹ tãg nĩ vẽ
pã'i mág tỹ *general* vĩ mẽ sóg
ti jyjy vỹ tỹ cândido mariano da silva rondon ke tĩ
serviço de proteção aos índios
e localização de trabalhadores nacionais
diretoria mág han mũ jamã tỹ *rio de janeiro* tá
kar jamã kãsir tỹ 13 ti kar ki

paraná tá *7ª inspetoria regional* fẽg mũ gé
kurã tỹ *1ª* kysã tỹ ãtumro *capital* tá fẽg mũ gé
capitũ josé ozório hã ne tỹ rĩr mũ ser
exército de engenharia nacional ki

josé tóg jẽnkamo mág mãn mũ 3 *contos de réis* mãn mũ
   ser ĩn sĩ
tá nĩgtĩ *rua 1ª de mỹrso nr 2ª*
curitiba kuju ki ĩn e tỹ vĩ kég mũ
hómhóm tỹ vẽnhkẽgra kar mẽja tẽgtũ kar rivro vin fã tỹ ũn régre
pi rivro vin han ja nĩ vẽnhrá tỹ vĩ
mẽsage vẽnhrán ja kar nén ũ e tỹ vĩ
kri nĩj fã tỹ 10 ka ha tỹ vĩ
kar hómhóm *austríaco* mré hómhóm tãnãnh há
kujén fã tũ nĩ kãgrá vin han fã tũ ke gé ki kafej krãn fã tũ
ki vẽnhvej fã tãgtũ tỹ vĩ — ũn pir ki jãfaj fã mỹ
nénũ tỹ to vin fã pir ĩn jẽnkã ki
nén ũ kykũnh fã e ẽgnénh fã ki
kar *escritório* mỹ nénũ ẽ tỹ vĩ

kỹ ser vẽnhránrán fã ũ tỹ kãfẽg mũ ser
sr. tibúrcio dos santos ribeiro
kar ser pã'i mág tỹ *governador do estado*
sr. francisco xavier da silva
kar pã'i mág ũ ag ke gé
kar porisa mág ag ke gé
ag tỹ ser to mỹsér jé

foi servido um copo d'água e nada mais
ordens do capitão josé ozório
que solicitou ao governador que proferisse
o discurso de encerramento:

no estado não se registram
actos de atrocidade ou perseguição contra os selvicolas
antes são recebidos em toda parte
com carinho e benevolencia

nosso objectivo é respeitar os costumes e religião dos indígenas
e sobretudo defender as terras que elles occupam
demarca-las garantindo-lhes a sua posse
este pensamento tem tido o poder legislativo votando a lei 853
e o poder executivo fazendo baixar os seguintes decretos:

o escrevente sr. tibúrcio dos santos ribeiro
que registrou os fatos e discursos aqui mencionados
anotou então os decretos 6º 8º e 64º ditados pelo governador
titulando os aldeamentos kaingang de são jerônimo da serra
e são pedro de alcântara: entre os rios tibagi e apucaraninha

ao cacique jembre cede-se o planalto
a oeste do rio das cobras
aos caciques paulino arak-xo e pedro santos
as campinas à margem do rio ivaí
e a várzea do rio lageado grande
ao cacique antonio joaquim kretã

o capitão josé ozório fez apenas um último comunicado
— quem sabe uma promessa um recado uma confissão —
devidamente anotado pelo sr. tibúrcio dos santos ribeiro
na "ata da cerimônia de inauguração da 7ª inspetoria"
disponível para consulta no museu dos povos indígenas
do rio de janeiro:

hãra ag ne vé kópu ki goj tỹ vĩ hã kron mũ
capitũ tóg ag mỹ ge vẽ ke mũ
kar *governador* mỹ kur nénũ tó ke mũ
ag vãmém ja tỹ mrãnh ken jé:

ẽg pi ẽg jamã ki to rán tĩ estado ki
nénũ kórég mré nãn ga ag nón pétĩg tẽ
kar ser kãmũjẽg mũ jamã kar mĩ
tỹ ser jag ki nhun nhun ke mũ

ẽg pi kanhgág ag jykre kar ag notrĩna tỹ tũ ke sór mũ
hãra ser ag ga to rárá ka to vẽsãn vẽ
ga rán kỹ fij mũ ag tỹ kri nỹtĩn jé ser

tag hã vẽ ser vẽnhjykre ti poder legislativo *tá*
lei 853 *ki kuprẽg ke gé*
poder legislativo *tóg ser ge mũ:*

nén ũ ránrán fã tỹ sr. tibúrcio dos santos ribeiro
tóg ag vãmin mén ja ryn rán mũ
governador tóg *decreto* 6º 8º kar 64º to rán mũ gé
ga kãsir ag vẽnhkãpãm mũ to ag tóg ser
são jerônimo da serra ke mũ
kar *são pedro de alcântara:* goj sĩ tỹ *tibagi*
    mré *apucaraninha*

kasiki jembre mỹ ag tóg rã pun kej fã ta *rio das cobras* fig
    mũ kar pã'i mág tỹ paulino arak-xo mré pedro santos
re sĩ tỹ goj fyr jagma goj mág *ivaí* pénĩn
kar krĩ vãso tỹ goj sĩ *lageado grande*
ti mỹ kasiki antonio joaquim kretã mỹ

kar ser pã'i tỹ josé ozório tóg vãmén pin mũ ke gé
— hẽre ke mũn nén ũ há to vĩ vẽnhvĩ jẽ nẽ mré vẽnhkãmén —
to rán kỹ sr. tibúrcio dos santos ribeiro
kar "*ata da cerimônia de inauguração da 7ª inspetoria*"
tá tóg rán kỹ nĩ ũn ti to jãn sór kỹ
museu dos povos indígenas do rio de janeiro tá:

desde que fôramos nomeados
anciavamos pela partida para o sertão
só a vista do selvagem na propria cabana
só o espectaculo contristador de sua miseranda pobreza
no sitio em que padece
podia nortear-nos no caminho a seguir

desse modo josé ozório fez saber
aos ilustres cavalheiros presentes
que empreenderá comitiva às barras do tibagi
a fim de desbravar as florestas rumo aos toldos indígenas
e divisar as terras que lhes pertencem

é dizer aos povos do paraná
e mais importantemente aos ilustres cavalheiros
onde os selvagens podem permanecer
e sobretudo
onde não podem

ēg tý ser nãmea ke kỹ nỹtĩn kỹ
ēg tỹ ga katy ra mũnh ke tó vãmén mỹr ke gé
nãn kãmĩ ũn jũ mé rike ti ĩn sĩ kã tá
vé tóg ti vẽsaréja to jagy tỹ vĩ
ti jamã tá vẽsarénh nĩ
ēg mũ ja mĩ ēmĩn ven tĩ gé

kỹ josé ozório tóg to kĩnhrãg mũ ser
ũn mág ag tóg ki nỹtĩ
ag ser vẽnhmãn jé goj mág fyr mĩ
ag tỹ nãn mág fĩn pan jé kanhgág ag jamã kãtá
ag kanhgág ag mỹ ga vẽnhkãpãm jé ser

paraná tá kanhgág ag mỹ ge mũ
hã ser ũn mág ag mỹ há nĩ
nãn kãmĩ ēmã ag tá nỹtĩn jé
kỹ ser
hē kã tá

Capa do "Relatorio apresentado à directoria-geral — anno de 1910", escrito pelo capitão José Ozório, onde consta a "Ata de Inauguração da 7ª Inspetoria", trecho redigido pelo sr. Tibúrcio dos Santos Ribeiro. Disponível para consulta no Museu dos Povos Indígenas no seguinte arquivo: "SPILTN, filme 73, fotogramas 2345-2368".

Relatório capa ti ag directoria-geral mỹ ven ja ti — prỹg tỹ 1910, kã tóg capitũ José Ozório hã tóg rán mũ, ki tóg gen kỹ rán kỹ nĩ "Ata tỹ Inauguração 7ª Inspetoria" ke tĩ kar sr. Tibúrcio tóg ránrán mũ gẽ. Museu dos Povos Indígenas ag tũ tá tóg nĩ, ge vẽ SPILTN ke tĩ, filme 73, fotogramas 2345-2368.

Ministerio da Agricultura, Industria e Commercio
Serviço de Protecção aos Indios e Localisação de Trabalhadores Nacionaes

INSPECTORIA DO PARANÁ
Nº 1º

Curityba,

Relatorio.

Relatar-vos o que esta Inspectoria em sua curta existencia de apenas tres mezes, conseguio fazer, é tarefa de que nos desobrigamos com muita satisfação, pelo duplo motivo de desejarmos ardentemente submetter ao vosso julgamento recto, o desempenho da missão que nos confiastes e ao vosso esclarecido criterio, a indicação de varias medidas que se nos affiguram de relevancia.

Pessoal.

Durante o anno findo, o pessoal effectivo desta Inspectoria reduziu-se ao Inspector e Escrevente.
Julgamos de grande necessidade a nomeação de um Ajudante, com o qual possa o serviço ser repartido, conforme exige a dessiminação dos indios por toda a vasta superficie do Estado, que é de 240.000 kilometres quadrados.
A inconveniencia das longas ausencias da séde, sem que tenha o Inspector quem o substitua na administração e execução de multiplos serviços technicos, justifica plenamente o nosso pedido.

Installação.

Installou-se o novo serviço de Protecção aos Indios e Localisação de Trabalhadores Nacionaes no Paraná, no dia 1º de Outubro com a minha posse do cargo de Inspector, perante a Delegacia Fiscal do Thezouro Federal.
Só em meiados de Novembro, foi possivel conseguirmos um predio no centro da cidade, á rua 1º de Março nº 11, sobrado, mudando-se então a repartição de nossa residencia.
Communicámos pessoalmente e reiterámos em officio, a nossa posse do cargo de Inspector ao Sr. Dr Francisco Xavier da Silva, Presidente do Estado e em officio ás diversas auteridades e chefes de re-

Primeira página do "Relatorio apresentado à directoria-geral — anno de 1910".

Pỹginỹ pir "*Relatório ag directoria-geral mỹ ven ja — prỹg tỹ 1910*".

vẽnh jykre

memória

os primeiros antepassados

enquanto roma se erguia no mediterrâneo
e a diáspora grega corria pela ásia menor
enquanto esparta e babilônia enquanto atenas tebas e nínive
enquanto tutemés desenterrava as patas da esfinge de gizé

enquanto os povos do mar destruíam o reino hitita
e o império de uagadu crescia no golfo da guiné
enquanto os yayoi semeavam os primeiros campos
de arroz do japão e os zapotecas descobriam
entre os vales de oaxaca o monte albán

enquanto o "i ching" era escrito
e "o livro dos mortos" era escrito
antes mesmo do "corão" ser escrito do "tanakh" ser escrito
antes de sócrates pitágoras aristóteles heráclito platão
antes de alexandre calígula julio cesar jesus sidarta

antes de alexandria constantinopla bagdá
antes da primeira runa rasgar as pedras da escandinávia
antes dos vikings começarem a sangrar os mares do norte
antes do império otomano bizantino mongol
antes do império songhai axum mandinka yorubá
antes do reino unido do reino português do reino espanhol
antes de qualquer república
antes da dinastia wei da dinastia chen da dinastia song
antes de qin shi huang di o primeiro imperador chinês

antes desses e enquanto aqueles
os primeiros homens e as primeiras mulheres
da linhagem de *mỹnh*
já caminhavam pelas matas de araucária do sul

arqueólogos antropólogos e historiadores
os chamam de *taquara-itararé*
o povo antes dos povos aqueles que moravam
nas casas subterrâneas

ũn si vén ja ag

kỹ ser *roma* ti *mediterrâneo* tá vēnhsãgfyn mũ jo
kỹ ser ag *grego* ag tóg ser *ásia* mῖ pētē mũ
kỹ ser *esparta* mré *babilônia* kỹ ser *atenas tebas* kar *nínive*
kỹ ser tutemés vỹ *esfinge de gizé* fi pēn to kũm tῖ mũ ser

kỹ ser ag goj mág ki jamã tóg *reino hitita* ag ῖn kókén mũ
jo *império* tỹ *uagadu* tóg mog mũ *golfo* tỹ *guiné* tá
jo *yayoi* ag tóg ēpỹ tỹ re ag krãn mũ
japão ag arronh ti jo *zapotecas* ag tóg ser *vale* tỹ
oaxaca tỹ pānónh téj tỹ *albán* to kanhrãn mũ

jo *i ching* vỹ rán tῖ jo *livro dos mortos* ti
ver tỹ ver *corão* ti rán tũ *tanakh* ti
sócrates pitágoras aristóteles heráclito platão jo
alexandre calígula julio cesar jesus sidarta jo

alexandria constantinopla bagdá jo
ver tỹ ver vēnhrá tỹ *runa* tóg *escandinávia* tá pó tỹ jaran ke mũ
ver tỹ ver *vikings* ag goj mág kyvénh kunũnh tomē to
ver tỹ ver *império otomano bizantino mongol* jo
ver tỹ ver *império songhai axum mandinka yorubá* jo
ver tỹ ver *reino unido reino português* mré *reino espanhol* jo
ver tỹ ver *república* ũ jo
ver tỹ ver *dinastia wei* tỹ *dinastia chen* tỹ *dinastia song* jo
ver tỹ ver qin shi huang di kar pã'i tỹ *imperador chinês* jo

ver tỹ ver tag jo kar ag jo
ũn gré mré ũn tátá vén ag
tỹ inh *mỹnh* fi krēkrē
ag tóg nãn kãmῖ mũg tῖ fág ag krēm jamãn tῖ

arqueólogos antropólogos kar *historiadores* ag tóg
vãn tỹ *taquara–itararé* ke tῖ
ag tỹ ag jo ga krēm ῖn nỹtῖg tῖ

mas os descendentes dos primeiros antepassados
ainda lembram seus nomes ainda são os seus nomes
os kaingang os chamam:

kamẽ e *kanhru*

hãra ūn si ag krēkrē
ag tóg ver ag jyjy to jakrén tī ver tóg tỹ ag jyjy nỹtī
hã to kaingang ag tóg:

kamē mré kanhru

paraná

debaixo do chão do paraná do chão onde nasci
estão as casas subterrâneas dos primeiros antepassados
dentro delas ainda moram os trançados de plantas e as rochas
onde a ponta da flecha afiou seu destino
dentro delas os cantos e os cocares
e o cheiro de mate das divindades — a história e o legado
dos verdadeiros donos desta terra e é por isso
que sobre ela o asfalto e é por isso
que sobre ela a guerra

sobre o paraná resistem seus filhos

punhos e corpos fechados e ao redor o abraço
de ferro das escavadeiras e das cercas elétricas
as eugênicas leis e o bruto liberalismo do capital

o chocalhar da maraca ainda guia e mantra
no meio da gritaria cinza dos escapamentos
e o estampido seco das armas o silêncio fúnebre
dos latifúndios

sobre o chão do paraná o chão onde nasci
prosperam aqueles que não ouviram o chamado do pajé
o curandeiro o sonhador o xamã — *kujá* ela me disse

aqueles que não conheceram o rezador dos velórios
o olho que enxerga nas sombras e é
a própria sombra — *péin* ela me disse

aqueles que não respeitaram o chefe o guia
o que é ombro e punho — *pã'i* ela me disse

aqueles que não honraram o grande cacique
o sabedor dos destinos — *pã'i mág* ela me disse

paraná

paraná krēm isȳ ga nor kāki mur mū
hā tá ga krēm īn tóg nȳtī ver inh si ag tū
kāki tóg ver ag kre fy ja tóg nȳtī kar ag ēkré mré ag pó
jykén ja nī tȳ no han mū ag mū ja mī
kātá tóg nȳtī ag *cocar* ti mré to jān fā ti
topē ag māti kej fā ti — ag jykre mré nén ū tovānh ja ti
ga tān pē ag tū hā tognīn
tóg ēmīn tȳ pó
hā tognīn tóg rárá mū

paraná jo ag krē tóg ver tá nȳtī

nīgé jyrón mré ag há nīfénh mū
ga kūm fā tȳ kyfé mré jyró tȳ *elétrico*
fóg ag jū mé mré jēnkamo

sygsyg fā tóg ver pénīn tī
kamījū ag nīja to vēnhgénh
no tȳ ja mā hár to kej fā venhkēj tȳ katy
latifúndio ag fā

ga tȳ *paraná* isȳ mur ja vē
ūn *pajé* vī mē ja tū ag
tóg mū há han tī — *kujá* ti ke mū

ūn tȳ ūn kēgter ag to jān fā ki kagtīg nȳtīn kȳ
kanē tȳ kuty mī ēvānh há hā tóg
ti fēnja pāvānh há nīg — *péin* vē ke mū

ū tȳ séfre vī mē tū kar ti mré tīg fā
jēnīmanh mré nīgé ró — *pā'i* ke fi tóg mū

ū tȳ krīmȳ jē mē ja tū ti
ūn kanhró tȳ vī ag vē — *pā'i mág* ke tī

continuam caçando a alma dos bichos
continuam caminhando os mesmos caminhos
ainda cochilam sob a noite dos pinheiros decepados
aqui chegaram brancos e violentos e aqui estão
há poucos e intermináveis anos que já chamam
que já chama
de eternidade

ver ag tóg misu kãsir ag ēkrénh tī ver
ver ag tóg ēmīn jag rike kri mūg tī
ver ag tóg nũgnũr mũ kutyg ja ki fág kryn kỹ nỹtī krēm
taki fóg ag tóg junjun mũ jũ mẽ ag ver taki nỹtī ver
pi ver si tī ag tỹ japrẽr tī
to ge tī
tũg vãnh

armas do tempo ancestral

a flecha kaingang voa reto até cinquenta e cinco metros
em direção ao céu
ou ao peito de um pássaro ou à garganta de um deus

a flecha kaingang voa reto até cento e dez metros
em direção ao horizonte
ou ao bucho de um bicho ou ao coração de um homem

a flecha kaingang atravessa o corpo inimigo
até sessenta metros distante
a oitenta perfura sua carne com a promessa da morte

é uma taquara longa e fina
ardida na chama mansa de um fogo insone
a flecha kaingang

é a mira do guerreiro
o sopro da *kujá* a armadilha do *pã'i mág*
a flecha kaingang

é madeira lisa é madeira farpada
é pederneira afiada em pederneira
a ponta da flecha kaingang

é o veneno da ucuúba-preta
e a peçonha da taquara braba
a ponta da flecha kaingang

é canela de macaco novo
é tocha chamejando as trevas
a ponta da flecha kaingang

ãsy ūn si ag no

kaingang ag no tóg kanhkã ki tēgtē kāmur tỹ 55 tá
kanhkã jagma
ketūmỹr jēsĩ ag fe to ketūmỹr topē sĩ nunh to

kaingang ag no tóg tēgtē mũ kāmur tỹ 110 to
rã pur ja tá
ketūmỹr misu tỹfór to ketūmỹr ag fe to

kaingang no tóg ag kato ke fĩn pa mũ
kāmur tỹ 60 tá
80 to ti karnē nón tĩ ti ter to vēme

vãn téj kar tāryj
pĩ gru ki han kỹ nĩ
kaingang ag no ti

ki pēg fã há ūn tỹ pēg fã ti
kujá jēnger pã'i mág ēgje
kaingang no ti

ka kanér mré ka jã mré
pó tar vē jãnh gy pó tar ki
kaingang no ju nu ti

ka tỹ *ucuúba* sá pénjo ti
vãn jũ tũ jāra
kaingang no junu ti

kajēr ka ti tãg nĩ
pĩ gru tỹ kuty jēngrēg fã
kaingang no ti

o arco kaingang é grande
dois metros de árvore nobre: guajuvira ou ipê
o arco kaingang é lixado com folhas ásperas
e vermelhas pedras de grés
o arco kaingang é trançado em urtiga do mato
e encerado com sebo de cipó-de-imbé

flecha *vãsỹ* eu peço a bença
a bença a senhora pode me dar?
flecha *vãsỹ* eu peço a bença
a bença o vento não pode levar

haste que chispa e faísca quieto sopro
a lança kaingang é silêncio de sangue

lenho cru amarrado em ponta de osso
a lança kaingang tem o peso da noite

lança *vãsỹ* eu peço a guarda
minhas costas a senhora pode guardar?
lança *vãsỹ* eu peço a guarda

um metro e meio de madeira bruta
e empunhadura suave
é o varapau kaingang

floresta fechada não é lugar de flecha
de lança de tiro de longa distância
é o varapau kaingang

a emboscada a surpresa
o bote da cobra o pulo da onça
é o varapau kaingang

guerreiro *vãsỹ* eu peço valia
valei-me de noite valei-me de dia
guerreira *vãsỹ* eu peço valia
valha-me a morte valha-me a vida
guerreiros *vãsỹ* eu peço valia

kaingang ag no tóg mag tỹ vĩ nỹ
ti kãmur tóg kãmur régre nĩ kanẽ sá tỹ ketũmỹr *ipê* tỹ
kaingang ag no tóg kykén kỹ nỹtĩ féj jũ nỹtĩ
kar pó kusũg mré
kaingang no vỹ fy kỹ nĩ pyrfé fár tỹ
kar mrũr tỹ imbé tỹ han kỹ nĩ

no tỹ vãsỹ inh sỹ há ké
ã mẽn inh mỹ ã vẽnhkirĩr nĩm?
no tỹ vãsỹ inh mỹ ã vẽnhkirĩr nĩm
kãka pi inh vẽnhkirĩr ma tĩg ke nĩ

ka tỹ gunh kỹ nĩ mrig mrig ke mũ jatun mỹ
kaingang no tóg kyvénh katy rike nĩ

kasĩ tánh se kỹ sa vẽnhkuka ki
kaingang no tóg kuty kufy rike nĩ

no tỹ vãsỹ inh ki rĩr nĩ
ã inh nhin tỹ rĩr mũ?
no tỹ vãsỹ inh ki rĩr nĩ

ka tỹ ũn pir kuju hã vẽ
rãgro kẽnhvy
ka tỹ no kaingang

nãn nĩfénh kỹ nĩ pi tỹ no jamã nĩ
no téj tỹ kór gy tá pẽg fã
ka tỹ no kaingang

rárá kamã tỹ vãsỹ inh vĩ mẽ ra
kuty tá sóg há nĩ kurã tá sóg há nĩ
rárá kamã tỹ vãsỹ inh vĩ mẽ ra
isỹ ter kỹ sóg há nĩ isỹ rĩr tĩn kỹ ke gé
rárá kamã tỹ vãsỹ inh vĩ mẽ ra

apagamento

é sobre uma bamba pilha de livros
que se equilibra o peso imenso e delicado da história
ou a gravidade brutal do seu vazio:

segundo as mais canônicas obras das ciências sociais
também da historiografia da geografia
do jornalismo e da literatura paranaense
segundo a narrativa das companhias colonizadoras
segundo as crônicas das frentes pioneiras
e a epopeia dos tropeiros e dos bugreiros
segundo a saga dos colonos europeus e a sanha
dos colonos brasileiros
segundo os órgãos governamentais e os mapas
e os atlas oficiais
segundo a burocracia estatal e o imaginário popular
e enfim segundo os livros didáticos
até o início da terceira década do século XX
o interior do paraná era um absoluto

vazio de gente

sinônimos: sertão desabitado
sertão esquecido sertão longínquo
boca do sertão terras devolutas terras desocupadas
terras desabitadas vagas terras domínio público
largos espaços vazios ilimitado deserto
área abandonada região despovoada
zona desconhecida floresta intocada

nhyn nhyn ke

rivro kamã ki
tóg ēg kãme kufy ki króm tĩ
ã kufy tũ tóg kuprã nĩ

hã to *ciências sociais* to vãmén e tỹ vĩ han mũ
kar ēg kãme mré ēg nỹtĩ ja ki
jornalismo kar *literatura* to *paraná* tá
ke ag tóg mũ vãmén ag tóg mũ *companhias* ag
ke ag tóg mũ jã mĩ ke ag
vēnhrá sĩnvĩ tỹ vĩ ha tỹ vĩ kãru kri mũnh fã ag rán ja mré
kanhgág ag kugmĩnh fã
fóg tỹ *europeus* ag kãme mré *brasil* ki fóg ag tũ
je pã'i ag rike kar *mapa* ag
kãgrá *oficial* ag mré hã
jo *documento* tỹ pã'i mág ag tũ ag rike kar ag jykre kar mré
kar ser rivro rike tỹ iskóra rivro ag
ver *século xx* kã prỹg tỹ pénkar kri pénkar kã
paraná mỹ tã tá ha mē

ēg kuprã vē

paravra jag rike ag tag ag vera: jamã katy jamã kãjatun kỹ nĩ
kar jamã kór gy tỹ vĩ ga katy jēnky vē ga kunũnh ja
ga kuprã ke gé ga tỹ vé ké nỹtĩ pã'i ag tu
rugar mag ag kuprã ke gé ga katy
amã tovãnh kỹ nỹtĩ kuprã tá ne tũ
ga vēnhmỹ nēn tỹ ki rãnh vãnh

vazio demográfico

um exemplo: segundo wilson martins
professor de literatura brasileira na universidade de nova york
duas vezes laureado com o prêmio jabuti e autor do livro
"um brasil diferente: ensaios sobre fenômenos
de aculturação no paraná" (1955)
:
do ponto de vista humano
a província era um ilimitado deserto
na maior parte do território
o vazio era absoluto:
eram os campos gerais
era a floresta era a serra do mar

assim é o paraná
território que do ponto de vista sociológico
acrescentou ao brasil uma nova dimensão
a de uma civilização original
construída com pedaços de todas as outras
sem escravidão sem negro
sem português e sem índio
dir-se-ia que a sua definição humana
não é brasileira

outro exemplo: segundo nilo bernardes
pesquisador do instituto brasileiro de geografia e estatística
da universidade católica do rio de janeiro e autor do livro
"expansão do povoamento no estado do paraná" (1952)
:
embora no começo do século
os povoadores espontâneos
já dessem início ao alastramento
sôbre o oeste paranaense

tá kuprã

ha vé: ke tóg mũ wilson martins ti
prosor tỹ *literatura brasileira universidade de nova york* tá
rivro rẽgre ki tóg gyjũ ke mũ *prêmio jabuti* ki kar
"*um brasil diferente: ensaios sobre fenômenos
de aculturação no paraná*" (1955)
:
ẽg tỹ pãvãnh rike
ti nĩgja tá tóg tỹ ga kuprã tĩ
ti ga pénĩn to hã
kuprã tỹ vĩ:
re *mág* campos gerais *kar hã vẽ ser*
serra do mar *vẽ*

ge tóg nỹ paraná ti
ẽg tỹ ki pãvãnh kỹ ẽg tóg to ge tĩ
brasil *ki rã mũ gé ga ha tỹ vĩ*
ki ũn si ag tóg nỹtĩ ver
ga ũ tỹ han kỹ nĩ
tỹ vẽnyn fã tũ mré fóg sá tũ
fóg vĩ tũ mré kanhgág tũ
ge tóg nỹ ser
pi tỹ brasileiro *nĩ ser*

ha tag ve gé: ge tóg mũ nilo bernardes ti
pesquisador vẽ instituto brasileiro de geografia e estatística tá
universidade católica do rio de janeiro ki kar rán fã pẽ
"*expansão do povoamento no estado do paraná*" (1952)
:
kỹ ser prỹg tóg ki kãrã mũ ki
vẽnhãm fã e tỹ vĩ
vẽnhgrun kãmẽg mũ ser
rã pun kej fã tỹ paraná tá

pãnónh téj kã tá
guarapuava *pẽnĩn kar* palmas *mĩ*
ver tóg mĩ kuprã tĩ vẽ
rã pun kej fã kar mĩ ki nỹtĩ ti ver
tibagi *mĩ* tóg ver tỹ reserva *katy nỹ* tỹ paraná tá *krỹg tĩ vẽ*

no segundo planalto
a encosta de guarapuava e de palmas
ainda estava desabitada
todo o oeste dos atuais municípios
de tibagi e reserva era ainda parte
do vasto sertão que se continuava
até o rio paraná

o termo sertão é aqui empregado
sempre no sentido
de vazio demográfico

por vazio demográfico entenda-se apagamento
pois é evidente que aquelas terras estavam cheias
de pinheiro de macaco de tatu de xetá de unha-de-gato
de taquara-mansa de fumeiro-brabo de ipê de kaiowá
de gralha-azul de chuchu de xokleng de cipó de aracá
de alecrim-do-mato de ariticum-preto de ingá de *mỹnh*

o vazio estava especialmente cheio de *mỹnh*
estava cheio de nós

era em direção a este grande vazio de gente
a este imenso sertão desabitado
que o capitão josé ozório e sua comitiva marchavam

um vazio que ele chamava de campos de guarapuava
mas que o próprio vazio chamava de *koran-bang-re*
um vazio que ele chamava de terras devolutas

mas que o próprio vazio chamava de *ēmã*
mas que o próprio vazio chamava de casa

ga katy tóg taki
ge tóg nỹ ser
to ga kuprã ke tĩ

ga kuprã mré ki ne tũ
hãra ga ẽn tóg ki fór nỹtĩ je
ki tóg fág nĩ kajẽr tũ fãfãn kar gatu *xetá* nĩgru
vãnh jũ tũ pétór mré kar pa *kaiowá* ke gé
ki sãgsó tánh mré *xokleng* pého kupri mré mrũr
tỹ kókaj mré kukrej kar kósán tỹ *mỹnh*

mỹr ti kuprã tóg mỹnh kuprã rike nĩ
ẽg tỹ fór nĩvẽ

kỹ tóg ag to tĩ ti ag kuprã to
ga kuprã mág tag ki
ki ne tũ ti
capitũ josé tóg ti tũ ag mré sỹmsỹm ke tĩ

guarapuava ag to tóg re kuprã ke tĩ ti
kuprã tỹ vĩ to tóg *koran-bang-re* ke tĩ
ti kuprã tỹ vĩ to tóg ga ke tĩ

ti kuprã tỹ vĩ to tóg *ẽmã* ke tĩ
hãra to tóg ĩn kuprã ke tĩ

koran-bang-re

a invasão do *koran-bang-re* começou muito antes
da 1ª expedição da 7ª inspetoria
o capitão josé ozório e sua comitiva eram apenas
recolhedores de espólios de guerra

os mais violentos episódios
aconteceram entre 1768 e 1774
quando o exército nacional do brasil colônia
lançou sua grande ofensiva contra o coração do paraná
o império kaingang

o *koran-bang-re*

foram onze tentativas de invasão militar
centenas de soldados e milicianos e cavalos
padres espadas barcos canhões espingardas
chefiados pelo tenente-coronel afonso botelho

foram onze vitórias dos guerreiros kaingang
com suas armas de *vãsỹ* e os cantos dos *kujás*

afonso botelho de abreu sampaio
mesmo repetidamente humilhado no campo de batalha
é hoje nome de rua em guarapuava
também em campo mourão são carlos
em são paulo é nome de avenida em curitiba
é centro esportivo nome de parque e nome de praça

nenhuma dessas cidades tem praça tem parque
nem sequer um bosque uma viela ou canteiro velho
com o nome de um *pã'i mág* ou de um guerreiro kaingang

koran-bang-re

ag tỹ koran-bang-re kri rũ mũ vẽsỹ
1ª expedição mré *7ª inspetoria*
capitũ josé ozório tóg ti tũ ag mré vẽnh pin
ja jẽkruj fã nỹtĩ vẽ

vẽnh pin ja korg tỹ vĩ
prỹg tỹ 1768 mré 1774 kã
kỹ porisia tỹ *exército nacional* tỹ *brasil colônia*
paraná fe kri rũ kãn mũ ser
kaingang mág ag

koran-bang-re

kri rũ kãtỹvin ag tóg pénkar régre kri pir an mũ
porisa e tỹ vĩ ag kar ũn krĩ korg ag kãvãru mré
padre kyfe mág kãkénh kar no
ag mỹ ge kej fã tỹ *tenente-coronel* afonso botelho

kaingang ag rárá tỹ pénkar régre kri pir kajũ ke mũ
no tỹ vãsỹ kar kujá ag tỹnh ti

afonso botelho de abreu sampaio
ti ver ag rárá ja tá vẽnhkren mỹr kãnãn mỹr
ũri tóg *guarapuava* tá tỹ *rua* jyjy nĩ
kar *campo mourão são carlos*
kar *são paulo* tá kar *curitiba* ki *avenida* ki
kar tóg tỹ *centro esportivo parque* jyjy kanhir fã ki ke gé

jamã mág tag ag pi kanhir fã nỹtĩ kar *parque* tũ ke gé
pi tá nẽn kãsir nĩ gé
jagma tĩg fã tũ ketũmỹr kanhgág ag jamã sĩ kófa ũ
ti jyjy tỹ pã'i mág ketũmỹr kanhgág rárá há

sobre os cadáveres de botelho
e pelos quarenta anos que se seguiram
alma nenhuma se atreveu pelo *koran-bang-re*
mas a trégua tinha data para acabar:
5 de novembro de 1808

neste dia o príncipe regente do brasil e rei de portugal
o sexto joão da casa de bragança
escolheu palavras como quem mistura venenos
e escreveu com ódio e assinou com orgulho
a carta régia que deflagrou nova guerra
contra os povos do sul

hoje ela pode ser consultada
no portal da legislação histórica do governo federal
:
não ha meio de civilisar povos barbaros
deveis organizar milicianos de coritiba e s. paulo
armar-se contra elles
e perseguir os indios
infestadores do meu territorio

inutil é o systema de guerra defensiva
justos motivos ora fazem suspender
os effeitos de humanidade

todo o miliciano que segura algum destes indios
poderá consideral-os por quinze annos
como prisioneiros de guerra
destinando-os ao serviço que mais lhe convier

deveis considerar principiada
a guerra
contra estes barbaros indios

assim tereis entendido e fareis executar
vos ordeno

vẽser to botelho
prỹg tỹ 40 to tĩg ja ti
vẽnhkuprig ũ pi vo mũ koran-bang-re to
hãra ag rárá mũ tóg tũ ken ke sór nĩ nĩ
kurã 5 kysã tỹ nãvẽmro prỹg tỹ 1808

kurã tag kã pã'i mág tỹ *brasil regente* kar *rei* tỹ *portugal*
ti joão pénkar kri pir ĩn tỹ bragança
tóg vẽnhvĩ kuprẽg mũ pénjó kuprẽg rike
jũ tĩ kỹ tóg rán mũ fe kẽnhvy ag kỹ tóg rán mũ
carta régia hã tóg rárá ag mũ
sul tá ke ag kato

ũri fi tóg jẽmẽ ja há nĩ
portal da legislação histórica do governo federal tá
:
pi hẽren kỹ ag tỹ fe kẽnhvy kej há nĩ ũn jũ mé ag
ve ã tóg vé ũ rárá kamã ag vẽnh mañ kej ke nĩ
coritiba *mré* s. paulo *tá*
ag kato no géj ke nĩ
kar kanhgág jãvãnh ke nĩ
ẽg ga kri mũ ga tỹ ũ kej fã

pi ne ja há nĩ ẽg rárá ti vé ké
ẽg ne to ráránh mũ ketũmỹr tỹ tũ ké
ẽg nén ũ hyn han fã ti

ũn rárá kamã ag kanhgág géj kỹ nỹtĩ tag ag
prỹg tỹ 15 ki ag tỹ ẽg tũ nỹtĩ
ag rãnhrãj han jé ke gé

vẽnh rárá tỹ tũ kej ke nĩ kanhgág tag ag kato
tag hã ki króm mũ ag jẽnẽnh mũ gé

kỹ 12º batalhão ag tóg kãmũ mĩu
ag mré porisia tỹ 300 ag
pi tój há kar nĩ rárá kamã ag mré krĩ kórég ag
ag mỹ ge kej fã tỹ diogo pinto *português* vẽ

veio então a 12ª invasão militar
e com ela mais de trezentos soldados
incontáveis milicianos e mercenários
comandados pelo português diogo pinto

a *real expedição de conquista*
e povoamento dos campos de guarapuava
trouxe com ela o padre francisco das chagas lima
que decidiu ficar entre os kaingang das margens do tibagi
e anos depois escreveu o "vocabulário da língua bugre"
com as palavras que aprendeu com as avós e bisavós de *mỹnh*

e só então — debaixo do fogo das armas
debaixo das saraivadas de varíola e de malária
e debaixo das bênçãos de deus
é que o *koran-bang-re* começou a ser ocupado

palmo a palmo: como a cisjordânia e o tibet

punho a punho: como gaza e el aiune

polegada a polegada: como jerusalém e como rojava

e como um dia a grande capital do império asteca
se chamou tenochtitlán e hoje se chama ciudad de méxico
e como um dia a grande capital do império maia
se chamou chichén itzá e hoje é ruína museu a céu aberto
o coração do império kaingang se chamou *koran-bang-re*
hoje se chama guarapuava

hoje é resistência

ag tỹ ga ũ vyn mãn mũ tĩ
ga kri nỹtĩ re mág tỹ guarapuava *kã tá*
padre tỹ francisco das chagas lima pẽ re kãtĩ mũ
kanhgág ag mré kã nĩ sór mũ *tibagi* pẽnĩn
prỹg ũ kã tóg *"vocabulário da língua bugre"* han mũ
ti tỹ ti jóg ag mré kĩnhrãg ja ti kar ti *mỹnh* fi mré

hẽ tóg – ag no pĩ krẽm
vẽnh kaga tỹ *varíola* mré *malária* krẽm hã
topẽ nén ũ há krẽm
hãra koran-bang-re tóg kutar ke kãmẽg mũ

nĩgé tỹ nĩgé: *cisjordânia* kar *tibet* rike

nĩgé ró tỹ nĩgé ró: *gaza* mré *el aiune* rike

kãmun ja tỹ kãmun ja: *jerusalém* mré *rojava* rike

jamã tỹ *asteca* tỹ jyjy tỹ kurã ũ mỹ ke nỹ
hã to *tenochtitlán* jo ũri tóg *ciudad de méxico* ke tĩ
jamã tỹ *maia* tỹ jyjy tỹ kurã ũ mỹ ke nỹ
hã to *chichén itzá* hãra ũri *museu* tóg vé ké nĩ
kaingang ag fe to tóg *koran-bang-re* ke tĩ
hãra ũri ag tóg to *guarapuava* ke tĩ

ũri tóg tỹ vẽnh tar nỹ

5-11-1808

ANTONIO José da Franca e Horta, do Meu Conselho, Governador, e Capitão General da Capitania de São Paulo, Amigo. Eu o PRINCIPE REGENTE vos Envio muito saudar. Sendo-Me presente o quazi total abandono, em que se achão os Campos geraes da Coritiba, e os de Guaraguava, assim como todos os terrenos, que desagóão no Paraná, e formão do outro lado as cabeceiras do Uraguay, todos comprehendidos nos limites dessa Capitania, e infestados pelos Indios denominados Bugres, que matão cruelmente todos os Fazendeiros, e Proprietarios, que nos mesmos Paizés tem procurado tomar Sesmarias, e cultiva-las em beneficio do Estado, de maneira tal, que em todo o terreno, que fica ao Oeste da Estrada Real, desde a Villa da Faxina até a Villa das Lages, a maior parte das Fazendas, que estão na dita Estrada, se vão despovoando, humas por terem os Indios Bugres morto os seus moradores, e outras com o temor, que sejão igualmente victimas, e que até a mesma Estrada chega a não ser vadeavel, senão para viajores, que vão reunidos em grande numero, e bem armados, quando antes não havia memoria, que os Indios atravessassem a Estrada para a parte da Serra, e que as Fazendas a Leste da Estrada se consideravão seguras, e livres, chegando agora até a atacar o Registo, que está em cima da Serra no caminho, que vai da Villa das Lages para Santa Catharina, e mostrando-se dispostos a quererem atacar a mesma Villa, em cujas vizinhanças tem chegado a matar povoadores; e constando-Me que os sobreditos campos, e terrenos regados por infinitos Rios são susceptiveis não só da cultura de Trigos, Cevadas, Milhos, e de todas as plantas cereaes, e de pastos para gados, mas de Linhos Canhamos, e de toda a qualidade de linho, assim como de muitas outras preciozas culturas, além de que se achão no mesmo Territorio Terras Nitrogeneas, e muitas Minas de metaes preciozos, e de outros não menos interessantes; sendo-Me tambem igualmente presentes os louvaveis frutos, que tem rezultado das providencias dadas contra os Botecudos, e fazendo-se cada dia mais evidente, que não ha meio algum de civilizar Povos Barbaros, senão ligando-os a huma escola severa, que por alguns annos os force a deixar, e esquecer-se de sua natural rudeza, e lhes faça conhecer os bens da Sociedade, e avaliar o maior, e mais solido bem, que rezulta do exercicio das faculdades moraes do espirito, muito superiores ás fizicas, e corporaes: Tendo-se verificado na Minha Real Prezença a inutilidade
de

Primeira página da Carta Régia de 5 de novembro de 1808, disponível para consulta no Portal da Legislação Histórica do Governo Federal.

Pygĩna tÿ pir to ag tóg *Carta Régia* ke tĩ kurã 5 kysã tÿ nãvẽmro prÿg tÿ 1808, *Portal da Legislação Histórica do Governo Federal* tá ã tóg vej mũ.

de todos os meios humanos, pelos quaes Tenho mandado, que se tente a sua civilização, e o reduzi-los a aldear-se, e gozarem dos bens permanentes de huma sociedade pacifica, e doce debaixo das justas e humanas Leis, que regem os Meus Povos, e até mostrando a experiencia quanto inutil he o systema de Guerra defensivo: Sou Servido por estes, e outros justos motivos, que ora fazem suspender os effeitos de Humanidade, que com elles Tinha mandado praticar, Ordenar-vos em primeiro lugar: Que logo desde o momento, em que receberdes esta Minha Carta Regia, deveis considerar como principiada a Guerra contra estes Barbaros Indios: Que deveis organizar em corpos aquelles Miliciannos de Coritiba, e do resto da Capitania de S. Paulo, que voluntariamente quizerem armar-se contra elles, e com a menor despeza possivel da Minha Real Fazenda perseguir os mesmos Indios infestadores do Meu Territorio; procedendo a declarar, que todo o Miliciano, ou qualquer Morador, que segurar algum destes Indios, poderá considera-los por quinze annos como prizioneiros de Guerra, destinando-os ao serviço, que mais lhe convier; tendo porém vós todo o cuidado em fazer declarar, e conhecer entre os mesmos Indios, que aquelles, que se quizerem aldear, e viver de baixo do suave jugo das Minhas Leis, cultivando as terras, que se lhes approximarem, já não só não ficarão sujeitos a serem feitos prizioneiros de Guerra, mas serão até considerados como Cidadãos livres, e Vassallos especialmente protegidos por Mim, e por Minhas Leis; e fazendo praticar isto mesmo religiozamente com todos aquelles, que vierem offerecer-se a reconhecer a Minha Authoridade, e se sujeitarem a viver em pacifica sociedade de baixo das Minhas Leis protectoras de sua segurança individual, e de sua propriedade. Em segundo lugar Sou Servido, que á proporção que fordes libertando não só as estradas da Coritiba, mas os Campos de Guarapuava, possais ali dar Sesmarias proporcionaes ás forças, e cabedaes dos que assim as quizerem tomar com o simples onus de as reduzir a cultura, particularmente de Trigo, e mais plantas Cereaes, de pastos para os gados, e da essencial cultura dos linhos Canhamos, e outras especies de linhos. Em terceiro lugar Ordeno-vos, que assistais com o competente ordenado a João Floriano da Silva, que Me tem servido como Professor Publico, que Fui Servido Nomear Intendente da cultura dos Campos de Guarapuava por Decreto desta mesma data, e a quem Encerrego o exame dos mesmos terrenos; o propor tudo o que julgar conveniente para o adiantamento da sua boa cultura; a conservação da Estrada, que vai da Faxina a Lages, e aquelle caminho, que deve existir no melhor estado pa-

ra

Segunda página da Carta Régia de 5 de novembro de 1808.

Pÿgïna tÿ régre ti *Carta Régia* ke tï kurã 5 kysã tÿ nãvẽmro prÿg tÿ 1808.

ra á communicação da Coritiba com algum porto de Mar á Serra, parecendo que o mais proprio será o de Pernaguá; e assim a elle, como a seu Irmão José Telles da Silva, ao Tenente Coronel Manoel Gonçalves Guimarães, e ao Tenente Coronel Francisco José de Sampayo Peixoto dareis as Sesmarias, que puderem cultivar; e este Intendente poderá com o seu exemplo justificar a bondade dos principios, que propozer para melhoramento da cultura dos mesmos Campos de Guarapuava, devendo vós ouvi-lo em tudo, o que ordenardes; mas não lhe sendo permittido obrar por vias de facto, senão quando vós o authorizardes para o mesmo fim. Em quarto lugar: Determino que sendo possivel que nos terrenos, que ora se mandão aorir, apparecão Diamantes, e que possa assim soffrer a Minha Real Fazenda, façais publicar, que todo o Diamante, que cazualmente apparecer, deve ser logo entregue na Junta da Minha Real Fazenda, onde sempre receberá alguma recompensa o que o aprezentar: que toda a lavagem de terras para tirar Diamantes fora prohibida; e que os que assim obrarem, ficão expostos á maior severidade das Leis já estabelecidas para conservar este Direito privativo da Minha Coroa; e que o Ouvidor de Pernaguá deverá annualmente tirar huma rigoroza Devassa contra todo e qualquer individuo, que contravier a estas Minhas Reaes Ordens.

Finalmente Ordeno-vos, que destineis o Engenheiro João da Costa Ferreira, e para o futuro, o que seu Lugar exercer, a que proceda a levantar successivamente o Plano dos mesmos Campos; e que sendo sempre ouvido nas Sesmarias, que derdes juntamente com o novo Intendente, que Fui Servido Crear, e alguns Officiaes, que nomeareis para esse fim, Me dem por vosso meio annualmente conta de todo o progresso, que rezultar desta Minha Paternal Providencia em beneficio da maior cultura, e augmento de Povoação, ficando muito a vosso cargo, e dando-vos toda a responsabilidade sobre a obrigação, de que vos Incumbo, de fazer subir todos os annos á Minha Real Prezença esta conta pela Repartição de Guerra, e pela da Fazenda, com todas aquellas reflexões, que a vossa intelligencia, e zelo pelo Meu Real Serviço puder suggerir-vos. O que assim tereis entendido, e fareis executar, como nesta vos Ordeno. Escrita no Palacio do Rio de Janeiro em cinco de Novembro de mil oitocentos e oito. = PRINCIPE. = Para Antonio José da Franca e Horta.

Na Impressão Regia.

Joaquim José de Miranda, autor desse quadro, integrou a 10ª comitiva de Afonso Botelho em sua penúltima tentativa de invadir o *koran-bang-re*. Miranda pintou 40 pranchas em aquarela narrando a incursão. Além delas, há uma prancha tipográfica explicativa de cada cena. O trabalho só veio a público em 1985, quando foi comprado no leilão da Christie's, em Nova York, pelo casal de colecionadores Beatriz e Mário Pimenta Camargo. Algumas aquarelas, como a aqui incluída, podem ser encontradas na Enciclopédia de Arte e Cultura Brasileira do Itaú Cultural.

Joaquim José de Miranda tóg ser ti vẽnhmānmãn ja ag mré koran-bang-re ki rã ge sór mũ. 40 *pranchas* son tóg mũ, kar tóg *prancha* ũ ki kãgrá hyn han mũ *cena* kar ti. Ti han ja tóg vẽnhven mũ ag tỹ *leilão* tỹ Christie's e ki vẽ ne ken kỹ, *Nova York* tá. ag kãgrá ũ hyn han gég mũ Beatriz kar Mário Pimenta Camargo ti, ver ã tóg *aquarela* tag ag venh mũ *Enciclopédia de Arte kar Arte e Cultura Brasileira do Itaú Cultural* ki.

o bugreiro

o bugreiro surge nas zonas de atrito
do civilizado com nossa selvageria remanescente
no paraná em santa catarina e principalmente
no paranapanema e no traçado da nordeste

nessa obra de conquista civilizadora da terra
o bugreiro vence o obstáculo material
que é o índio nômade:
povoador infecundo da floresta fecunda

as palavras são de brasil pinheiro machado
renomado poeta político e historiador paranaense
e constam em sua mais importante obra:
"esboço de uma sinopse da história regional do paraná"

ela foi publicada em 1951 pelo instituto histórico e geográfico
republicada em 1987 pela universidade federal do paraná
e em 2001 pela imprensa oficial do estado
com um título bastante lírico:
"poemas seguidos de dois ensaios"

como se nota
bugreiro foi uma profissão de respeito
ofício de enorme prestígio
no brasil colônia no brasil império no brasil república
há quem diga que ainda é

bugreiro é aquele que caça mata escraviza e trafica bugres
bugre é como os portugueses os conquistadores os europeus
e os cristãos chamavam genericamente todos os indígenas
e especificamente um povo

bugreiro

bugreiro *tóg ag rárá mũ tá jun mũ*
nãn kãmĩ jũ mé rike
paraná *tá kar* santa catarina *kã tá*
paranapanema nordeste *pénĩn*

ag taki vẽsikã kunũnh ja ki
bugreiro *tóg nén ũ vẽnhmỹ gỹjũ ke mẽ*
kanhgág tĩg kamã:
nãn kãmi ti jamã han kamã

vẽnhrá tóg tỹ brasil pinheiro machado nĩ
ũn rán há tỹ vĩ *poeta político* kar *historiador paranaense*
ti rán ja ki tóg ke nĩ:
"*esboço de uma sinopse da história regional do paraná*"

prỹg tỹ 1951 kã tóg rán mũ
instituto histórico e geográfico tá
vẽsikã rán mãn mũ prỹg tỹ 1987
universidade federal do paraná tá
kar prỹg tỹ 2001 *imprensa oficial do estado* tá ke gé
vẽnhrán tỹ há pẽ nĩ kar sĩnvĩ tỹ ge:
"*poemas seguidos de dois ensaios*"

kỹ tóg ke nĩ
bugreiro tóg rãnhrãj ha tỹ vĩ nĩ vẽ
rãnhrãj ha tỹ vĩ
brasil colônia brasil tỹ império kar *brasil república* ki
ũ ag tóg to ge tĩ ver

bugreiro tóg tỹ *bugre* ag kẽgtén fã nĩ vẽ
ag vé ké rãnhrãj han tĩ vẽ
bugre tóg tỹ *português* ga rike nĩ vẽ kar *europeu* ag rike
cristão ag tóg kanhgág kar ag japrẽr tĩ vẽ
ag tỹ vĩ

bugre não é uma palavra original do português
é um empréstimo um estrangeirismo
no caso um galicismo porque bugre
vem do francês arcaico *bougre*
que então significava herege
e descende do latim medieval *bulgàrus*
que é como os clérigos da igreja católica romana
chamavam genericamente os búlgaros
fiéis à igreja ortodoxa grega
e especificamente os bogomilos
seguidores do padre búlgaro bogomil
criador de uma seita herética de vegetarianos
mas essa é outra história...

do odioso *ménage* entre o padre *bulgàrus* bogomil
o patriarca grego e o papa romano nasceu o *bougre* francês
ele teve dois filhos: o *buggery* inglês e o bugre português

o primogênito foi parido no reino unido
é descendente da maior obsessão do homem – o cu
buggery foi o nome dado à heresia suprema
o pecado sem perdão: a sodomia

em 1533 ela ganhou sua primeira legislação civil
pelas mãos de henrique oitavo rei da inglaterra
rei da irlanda e fundador da igreja anglicana:

o *buggery act* estabelecia a pena de enforcamento
para todo aquele que praticasse este imundo e delicioso
ato de amor contra a masculinidade de deus

o caçula português foi concebido no brasil
e até hoje pode ser consultado
em nossos melhores dicionários

bugre pi tỹ vẽnhvĩ *português* vĩ pẽ ni
ẽmpreita ke tóg nĩ ga ũ tá
tỹ tóg tỹ vẽnhvĩ pẽ nĩ *frança* tá
francês arcaico ki tóg tỹ *bougre* ke tĩ
kỹ tóg to ge nĩ *herege*
latim medival to tóg kãtĩ tĩ gé *bulgàrus*
tỹ tóg *clérigos da igreja católica romana* rike nĩ
hã to ge tĩ *búlgaros*
igreja ortodoxa grega mỹ há nĩ vẽ
mỹ ke nĩ ag tỹ *bogomilos*
padre nón mũ tỹ *búlgaro* bogomil
jykre kórég ag jé'ỹn ka mã
hãra tag ti kãme ũ vẽ...

tỹ ũn kórég tỹ *ménage* kar *padre bulgàrus* bogomil
tỹ *patriarca grego* mré *papa romano*
bougre tóg mur mũ *francês*
krẽ régre han tóg: ti *buggery inglês* mré *bugre português*

kósin pir tóg *reino unido* tá mur mũ
fóg ag kósin pir hãvẽ — nér
tỹ tóg vẽnhjykre kórég *buggery act* ke tĩ: *sodomia*

prỹg tỹ 1533 ki tóg ti ũn pir tỹ *legislação civil* gỹjũ ke mũ
henrique oitavo da inglaterra *rei* nĩgé ki
rei tỹ *irlanda* mré *igreja* han mũ *igreja anglicana*:

buggery act tóg nunh tỹ krãm kej mẽ
ũ tỹ nén ha tỹ tag mẽj vãnh ti topẽ vĩ

ũn tãg tóg *brasil* ki mur mũ
kỹ tóg ver ũri ti mré vĩ ja há nĩ
ẽg nisunỹru kar mĩ

bugre:
1 — etnologia/pejorativo: denominação genérica
a diversos grupos de indígenas brasileiros
tidos como agressivos e sodomitas
2 — linguagem figurada: pessoa rude pouco civilizada
3 — linguagem figurada: pessoa desconfiada e arredia
4 — adjetivo masculino e feminino: relativo ou pertencente
a bugre ou bugra (indígena)

no entanto o "vocabulário da língua bugre"
importante dicionário publicado em 1852
pelo instituto histórico e geográfico brasileiro
sai da generalidade para a tipificação precisa:
língua bugre se refere especificamente
ao idioma kaingang

bugrinha era como minha nona descendente de italianos
chamava sua nora minha mãe descendente de indígenas

bugrinha era a carne de caça a presa
a escrava a matéria-prima do bugreiro
ele que nada mais era que um herói nacional
que se embrenhava na mata ao léu das feras e das flechas
um profissional aclamado pela academia e muito requisitado
para expedições oficiais de mapeamento de sertões esquecidos

foi assim que descobri o nome e a profissão do meu bisavô
constam num documento rigorosamente preenchido
pelo escrevente sr. tibúrcio dos santos ribeiro:
"livro para o registro do movimento do material permanente"
disponível para consulta no museu dos povos indígenas
sob o título de "livro de despezas da 7ª inspetoria — 1910"

meu bisavô foi um reputado bugreiro
e como sei — mas não direi — seu nome
e como sei — mas não direi — seu rosto
te chamarei de *adolf schwein*
que é como se diz porco assassino em alemão

bugre:
1 — etnologia/pejorativo: denominação genérica
a diversos grupos de indígenas brasileiros
tidos como agressivos e sodomitas
2 — linguagem figurada: pessoa rude pouco civilizada
3 — linguagem figurada: pessoa desconfiada e arredia
4 — adjetivo masculino e feminino: relativo ou pertencente
a bugre ou bugra (indígena)

ver tóg ver "*vocabulário da língua bugre*" hã vẽ
tóg nisunỹru han kỹ nĩ prỹg tỹ 1852 kã
instituto histórico e geográfico brasileiro to han kỹ nĩ
to ke nĩ:
vẽnhvĩ tag tóg tỹ *língua bugre* nĩ
kaingang ag tũ nĩ

bugrinha fi tóg tỹ inh nỹ kófa tỹ *italiano* nĩ
fi má fi japrẽr tĩ vẽ inh nỹ fi kanhgág ag krẽ ũ

bugrinha fi tóg tỹ isỹ nén ũ ẽkrén kỹ koj fã rike nĩ
vé ké rãnhrãj kamã *bugreiro* tũ
vé tóg tỹ *herói nacional* nĩ vẽ
nén kãra rã tĩ vẽ mĩg ag kamẽg vãnh kar no ag
ũn rárá ha tỹ vĩ *academia* ag mỹ
ga katyg ja mĩ tĩg fã vẽ

hã to sóg inh jóg kófa rãnhrãj fã ve mũ
to rán ja fã han há han kỹ
ti mỹ rán fã tỹ sr. tibúrcio dos santos ribeiro:
"*livro para o registro do movimento do material permanente*"
museu dos povos indígenas jamã tỹ *rio de janeiro* tá
nĩ ãjag ven jé
to tóg ken kỹ rán kỹ nĩ
"*livro de despezas da 7ª inspetoria — 1910*"

inh *bisavô* tóg tỹ *bugreiro* ha tỹ vĩ nĩ vẽ
inh hẽren kỹ kĩnhra nĩ — inh pi tój — ti jyjy ti
inh hẽren kỹ kĩnhra — inh pi tój — ti kakã ti
vé só ti to *adolf schwein*
ẽg tỹ *alemão* ki porko vẽnhkẽgtén ka mã

schwein foi contratado a peso de ouro pelo capitão josé ozório
para integrar sua comitiva rumo aos toldos indígenas
rumo aos destroços do *koran-bang-re*
e ao malencontro que setenta e quatro anos
e três gerações depois
me daria a vida e a chance de escrever este poema
como quem escreve
uma vingança

schwein tóg oro to capitū josé ozório mỹ rānhrāj mū
ag tỹ vēnhmām kỹ kanhgág ag jamā ra mūn jé
koran–bang–re ra
vēnhkatotē mū prỹg tỹ 74
vēnhkrēg tāgtū mī
inh mỹ ti kyfe nīm mē isỹ vēnhrá sīnvī tag rá jé
ū tỹ rán mū hēn rike
isỹ vēnhkajām han

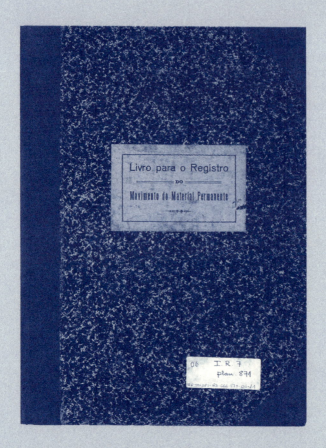

Capa do "Livro para o registro do movimento do material permanente", preenchido pelo escrevente sr. Tibúrcio dos Santos Ribeiro. Pode ser consultado no Museu dos Povos Indígenas do Rio de Janeiro no seguinte arquivo: "Livro de Despezas da 7ª Inspetoria Regional. SPILTN IR. Filme 80, fotogramas 218-220 e 0215-0277".

Rivro *capa* ag tỹ "Rivro tỹ *Registro* ag vẽnhmãm pẽ han ja ti", sr. Tibúrcio dos Santos Ribeiro tóg ki rán mũ, *Museu dos Povos Indígenas* tá ã tóg venh mũ gé *arquivo* taki "*Livro de Despezas* tỹ *7ª Inspetoria Regional*" ki. SPILTN IR *filme* 80 ki, *fotogramas* 218-220 kar 0215-0277.

Primeira página do "Livro para o registro do movimento do material permanente", onde consta parte da lista de compras para a abertura da sede da 7ª Inspetoria em Curitiba.

Rivro pỹgĩna pir tỹ vĩ "Rivro tỹ *Registro* ag vẽnhmãn pẽ han ja ti", ki tóg rán kỹ nĩ ag nénũ kajãm ja ti ag *sede* tỹ *7ª Inspetoria de Curitiba* róm ja ki.

kófa

meu bisavô era alemão e da violência do seu corpo
nasceu nossa família e morreu nossa família

alois alzheimer era alemão e seu nome dá nome ao fogo
que consome a memória dessa vida e dessa morte familiar

entre a vigília e a demência
resta em ti e apenas
o que é materno

você está velha — tia — você é
a sabedoria do tempo a biografia da terra
a tradução das profecias
a biblioteca viva de um povo
e também a minha

os kaingang te chamam de *kófa*

na tua memória ruína
somos flores
brotando nas brechas

kófa

inh *bisavô* tóg tỹ *alemão* nĩ
vẽ hã to ẽg tóg munmur mũ kar kãgter mũ

alois alzheimer tóg tỹ *alemão* nĩ vẽ to ti jyjy vỹ pĩ ke tĩ
ẽg jykre tỹ tũ ke tĩ ẽg kanhkã kẽgter ga to

ki rĩr mré jykre kórég
vé tóg
nỹ rike nĩ ha

gufã ã tóg nĩ ha — pá — tỹ ã tóg
vẽsỹ jykre nĩ kar ga vẽnhrá há
fynja há to rá
biblioteca rĩr kỹ nĩ ag to
kar inh sũ pẽ

kaingang ag tóg ã to *kófa* ke tĩ

ã jykre tũ ke ja to
tỹ ẽg tóg kafej nỹtĩ
ga nor mĩ munmur tĩ

tĩg ja
partida

o destino do dia

eu tinha tanto medo quanto uma criança branca pode ter
o bafo de álcool do pai o soluço silêncio da mãe
o dinheiro pouco as mudanças muitas e as casas
cada vez menores cada vez mais distantes

e quando o dia é ferido de morte como é o destino do dia
e seu sangue escorre no céu como pôr do sol
no meu peito se fazia geada feito essas madrugadas
castigadas de inverno
do sudoeste do paraná

me restava a lanterna acesa como tocha
debaixo do cobertor de lã

foi quando tia pêdra fez um pacto de silêncio com minhas trevas
me botou no colo como sempre fazia
agarrou um cafuné como sempre fazia
meus cabelos loiros tão loiros quase brancos meus cabelos
dançando entre seus dedos marrons de mulher velha
seus calos me ninando até que o medo da escuridão
dos meus olhos tombasse abatido pelo sono

você mimou meus monstros dengou meus demônios
deixou que corressem soltos
e se amassem e se reproduzissem
que habitassem meus mares meus vales
montanhas e pesadelos
que fizessem casa e fizessem fogo na caverna dos meus ossos

enquanto eu dormia — tia
você velava minha multidão

ã hẽra tĩg mẽ

inh sỹ mũmẽg kamã nĩ vẽ gĩr kupri rike
inh panh gojfa jẽnger kar inh mỹnh fi jy'yg
jẽnkamo pir pãgfĩn fã e tỹ vĩ
kỹ ser ĩn kãsir jã há tá

kỹ ser kurã tỹ vẽnh rỹnh kỹ nĩ
kẽgter fã ag tũ mỹ hẽre kurã ẽmĩn ti
kyvénh tóg kanhkã mĩ var tĩ rã pur rike
kỹ ser inh fe ki tóg kukryr tĩ vẽ kurãg ke kã tá
kusa jagy mĩ
sudoeste tỹ *paraná* tá

grug fã pir pĩ gru rike
vẽnhpugnóg fã tỹ *lã*

kỹ ser inh *tia* tỹ pêdra fi tóg inh kãki katyg ja mré vĩ mũ
vẽnhkri fi inh nĩm mũ
inh gãnh sĩn mũ fi tỹ kej fã ẽn
inh gãnh gãnh mỹrér tỹ vĩ kupri rike
nĩgé féj mĩ vẽnhgrén tĩ kanhgág fi nĩgé tỹ ga ve fi nĩgé pränh mĩ
inh mỹ tỹnh tĩ isỹ mũmẽg ti tũ ke jo
isỹ nũr tĩ ser

ã tỹ inh nén kórég mỹ tỹnh mũ
ag tỹ véké pétĩgtẽn jé jag to há kar jag mỹ krĩgkrẽg jé
ag tỹ inh kãmĩ goj mág mĩ mrugmron jé
inh pãnónh vẽnhpéti mĩ
ag ĩn han jé kar pĩ han jé inh kuprã kuka mĩ

isỹ nũr mũ jãv — *tia*
ã tóg fỹ tĩ vẽ inh kar to

eu tinha tantas certezas absolutas
quanto um adolescente branco pode ter
mas isso foi antes da minha mãe morrer
foi antes do terceiro câncer dessa vez no cérebro dessa vez
lentamente cruel vivamente incurável
espalhou-se por todas as carnes

jamais conseguiu penetrar o coração

depois que minha mãe morreu
toda certeza e todo absoluto morreram com ela
do corpo da raiva da sepultura dela nasceu uma rosa
chamada dúvida
o seu perfume tem cheiro de mãe e pra mim mãe
tem cheiro de saudade

nunca mais voltei ao seu túmulo mãe
mas aguei aquela rosa todos os dias
ainda águo

eu tenho tantas dúvidas quanto um homem branco pode ter
mas então veio aquela tarde de ventania você lembra tia?
aquela que levou embora a gaiola de pássaros do vizinho
a loja de pássaros do centro o viveiro de pássaros do tio joão

e depois teve aquela enchente você lembra tia?
aquela que inundou a peixaria do bairro inundou o aquário
da tia teresinha e me deixou meio desconfiado:

deus
talvez exista

tia o médico disse que você entrou no estágio 7
esse é só um termo técnico mas quer dizer desesperança
tia o médico disse que você entrou no estágio 7

que já não fala — mas eu escuto seus olhos
que quase não come — mas há fome na sua pele
que não se move — mas pra onde você iria tia pra onde?

isỹ to króm há han tĩ vẽ
fóg sĩ tóg tỹ tũ rike
hãra inh mỹnh fi ter tũ ver
câncer tãgtũ jo krĩ kojo to hãra
jygy tỹ há kej vãnh tỹ vĩ ke gé
inh nĩ kar mĩ tĩ mũ

hãra pi inh fe ki rã mũ hãra

inh mỹnh fi ter kar
jykre há kar tóg fi mré kẽgter mũ
ẽg há jũ ti fi vẽnhkej fã ki kafej tóg mur mũ
to jykre kri fi tũ
ã ger tóg tỹ inh mỹnh fi ger rike nĩ
jo inh mỹnh fi mỹ fe kaga ẽn rike nĩ
mỹnh inh pi ã vẽnhkej ra tĩg mãn mũ

hãra sóg kafej ẽn fi mỹ goj fẽg kãn mũ
ver sa mỹ goj fẽg tĩ

vé sa fóg ag kóm kri fij fã tũ nĩ
hãra kejẽn tóg rãké ke mũ kãkan kãn mũ kera inh *tia*?
ũ ẽn fi jẽsĩ ĩn sĩ ma tĩ mũ
centro tá jẽsĩ ag ĩn *tio* joão ti jẽsĩ vẽ

kar goj tóg fór kãn mũ mẽ pá?
ũ ẽn fi krẽgufár jẽ'ỹn fã mré *aquário* fãn kãn mũ
inh *tia* teresinha vé sỹ kri fig tũ nĩ:

topé
hẽre ke mũn tóg ke nỹ ver

tia médico tóg *estágio* 7 ki rã mũ ke tĩ
mỹ ag tóg jykrén ũ nĩ gé hãra inh pi ã mỹ ki hã tóg ke mũ kej
tia médico tóg *estágio* 7 ki ã tóg rã mũ ke mũ

vĩ vãnh se — hãra sóg ã kanẽ mẽg mũ
pi hẽre kemũn ter tĩ — hãra tóg ã fár to kókĩr mũ
pi vo tĩ — hãra ã mẽn hẽ kã tá tĩg mẽ *tia*?

já não há mais lugar tudo é ruína
já não há mais ninguém nem mesmo eu estou aqui
o pão já não há nem o trigo
mas eu toco seu braço e os pelos se afiam caninos
devoram meus dedos como sua boca não pode como
sua boca não diz

tia
não ter pra onde ir
pode ser o começo da partida

quem sabe a solidão
seja um princípio de partilha

ēmā katy kar ser īn katy
pi ne nī ha kar inh pi kã jē ha ke gé
pū tū ser gãr mré
hãra sóg ã nīgnó kugmīg tī kar ã kyki tóg ag jã jukén mū
inh nīgé féj ko tī jēnky rike
ti jēnky pi ne tó tī

tia
hēra tīg tū
kỹ tóg tīg ja ma ke mū

hēre ke mūn inh kuprã
tóg ēn nén ū vin fã nī

a expedição

o "relatorio apresentado à directoria-geral — anno de 1910"
é um documento oficial do serviço de proteção aos índios
escrito e assinado por josé ozório
ele registra em detalhes a 1ª expedição da 7ª inspetoria
e está arquivado no museu dos povos indígenas
do rio de janeiro

segundo o relatório
a comitiva se reuniu na manhã de 25 de novembro
na cidade de castro a 170 quilômetros de curitiba

era composta pelo capitão pelo escrevente dois soldados
um taifeiro nove cavalos dez mulas
além do bugreiro e seus dois cachorros sarnentos:
um com pústulas nas costas outro desdentado pelas coças
das feras e dos homens

os três com cheiro de fome

eles viajaram por quatro noites até a vila de são jerônimo
onde amarraram os animais e sentaram seu cansaço
nos escombros de uma velha sacristia

josé ozório estimou que uma centena de almas
ali ainda vivia
em choças de madeira de barro de palha
e de miséria

em seus escritos o capitão descreve o relato
dos indígenas aldeados e ribeirinhos pobres:
algumas semanas antes
uma horda de selvagens havia atacado gente branca
que tentava ocupar uns lotes naquelas cercanias
feriram uma senhora no porrete
atravessaram um menino na flecha

mũ ja ra

"*relatorio apresentado à directoria-geral — anno de 1910*"
vẽnhrá *oficial* vẽ kanhgág ag tỹ rĩr ke to
josé ozório hã tóg rán mũ
ki tóg rán kãn mũ mũ ja *1ª* to *7ª inspetoria*
museu dos povos indígenas do rio de janeiro

vẽnhrá tỹ régre
ag tóg vẽnhmãn kãn mũ kusã ki kurã tỹ 25 kysã tỹ nejẽmro kã
jamã tỹ *castro* tá *170 quilômetros curitiba* jo

ag hãn capitũ rán fã kar porisa régre
nénh fã pir mré kãru tỹ pénkar kri vẽnhkãgra
kar kãvãru fi tỹ pénkar kri pénkar
kar *bugreiro* mré ti kasor kórég ag:
ti nin kri nénũ kar kéj kỹ tĩ
misu jũ ag tũ mré

ag tãgtũ tỹ ger tỹ kókĩr nĩ

ag tỹ kuty tỹ vẽnhkẽgra mĩ mũgtĩ *vila são jerônimo* ra
hã tá ag misu ag sigség mũ ag vẽnhkán jé
igreja tỹ nén ũ si tá

josé ozório tóg vẽnhkuprig e nĩkrén mũ
ver tóg tá mũnĩ
ka kri gó'or kar paia mré vẽnhkókĩr jagy
jykre kaga

capitũ rán ja ki tóg ke mũ
kanhgág ag ga kri nỹtĩ goj fyr mĩ ke ag mré
kurã ũ ag tá ũ ẽn kã
ag tỹ fóg ag kri rũja nĩ
ag tỹ ga ẽn kri nỹtĩ sór kỹ:
ag tỹ ũ fi tãnh kãnãn mũ ka tỹ
gĩr sĩ pénũ mũ no tỹ

não era a primeira vez
de acordo com josé ozório
que a região se consumia em vinganças
:
em abril do anno passado
a grandiosa floresta do iraty
foi o lugubre theatro e testemunha muda
onde succuumbirão atrózmente mutilados
cêrca de cem indios indefesos
que se racionalmente levados
poderião collaborar efficazmente
na prosperidade e grandeza
da patria amada

o que o relatório do capitão não menciona
é que aqueles planaltos e rios e vales
eram parentes ancestrais: território kaingang

mas nenhum kaingang sabia da invenção da escritura
da assinatura dos carimbos e títulos oficiais
não conheciam a existência dos cartórios
nem dos donos e os segredos dos donos dos cartórios
quem tudo conhecia era um burguês
chamado joão da silva machado

poderoso colonizador e bem relacionado aristocrata
décadas antes e com as bênçãos da corte
enviou agrimensores para medir e demarcar aquelas matas
— devolutas despovoadas a boca do sertão —
e simplesmente escriturou o coração do paraná em seu nome

foi assim que a terra de muitos povos
se tornou propriedade de um só homem

por suas contribuições ao avanço do império brasileiro
joão da silva machado foi condecorado por dom pedro II
e recebeu o título de barão de antonina

ge pir pi jé vẽ
josé ozório tón ki
ga ẽn tỹ jag tỹ tũ ke nĩ
:
kysã tỹ amrir ẽn kã
nãn mág tỹ iraty
hã ki rárá kãnãn tỹ vĩ han mũ
ũ ag kẽgter kãnãn ja
kanhgág tỹ 100 ag tóg kẽgter mũ ag tỹ mũ
há han kỹ
ag tỹ ser
ga tỹ há kej mẽ
pátria amada *ki*

capitũ pi tó tĩ vẽ
goj mág mré pãnónh ẽg kãtá
tóg tỹ kaingang ag ga pẽ nĩ vẽ

hãra kaingang ũ pi vẽnhrá ki kanhró nĩ
karĩmo mré vẽnhrá *oficial* ẽn ti
ag pi *cartório* ki kanhró nỹtĩ vẽ ke gé
kar *cartório* ag tũ pẽ ag ki kagtĩg vẽ
ũ tỹ kĩnhra kar hã vỹ tỹ *burguês* nĩ vẽ
ti jyjy vỹ tỹ joão da silva machado ke tĩ

tá krỹg ke há *colonizador aristocrata*
ga ẽn ra *agrimensores* ag jẽnẽ mũ ag ga ẽn pipin kar kãmun jé
— ag mỹ fin jé ga kuprã ẽn ti —
ti tỹ *paraná* fe rán pẽ han mũ ti jyjy ki

hã ki ser ũn e ag ga ti
tóg tỹ ũn pir tũ nỹ ser

ti *império do brasil* ki nénũ há han ja ki
joão da silva machado tóg gỹjũ ke mũ
dom pedro ki nén ũ há kar
kar tóg *título* mãg mũ barão de antonina vẽ ser

anos depois este mesmo burguês
doou ao estado um pedacinho da área
para que nele se erguesse um aldeamento
— campo de refugiados barreira humana —
que contivesse os kaingang rebeldes
essas bestas-feras que impediam o progresso
das colônias estrangeiras das fazendas e cidades
das riquezas e ciências do homem civilizado

foi justamente no aldeamento de são jerônimo da serra
criado pelo barão
onde o capitão e sua comitiva demoraram-se dias
abrigados da chuva que assombrava seus planos e caía e caía
feito penitência

josé ozório escreveu em seu relatório
que na manhã de 6 de dezembro
assim que o céu ofereceu uma trégua
partiram para a primeira aldeia: o *ēmã* da boa vista

distante vinte quilômetros de são jerônimo
no topo da serra de apucarana
onde o *pã'i* o velho cacique xokanban os esperava

xokanban já havia enviado seus espias
farejava cada passo da comitiva
preparou de antemão um rancho
onde os brancos poderiam descansar
e ofereceu batatas cozidas como sinal de boa vontade

josé ozório calculou que ali viviam 114 pessoas
muitas delas entre a vida e a morte
golpeadas pela varicela e pela coqueluche:

prỹg ũ kã *burguês* tag ti ver
tóg *estado* mỹ ga ũ fi mũ gé
ag kri kanhgág ga ũ han jé
— pétẽ kỹ mũ ag —
kaingang jũ ag ki nỹtĩn jé
ũn krĩ jũ ag nénũ hyn han kamẽg ti
ẽkré mág kar ẽmã mãg kãtá
nénũ tỹ jẽnkamo mré *ciência* ag mỹ

je tỹ ge nĩ kanhgág ag ga *são jerônimo da serra* tá
barão tóg jẽ'ỹn mũ
kỹ ser capitũ ti tũ ag mré tá nỹtĩg mág tĩ
ta jo vẽnhpéju tĩ

josé ozório tóg ránrán mãn mũ
kusã ki kurã tỹ 6 de nejẽmro kã
kỹ ser ta ti gym ke sĩ han kỹ
ag tóg kanhgág ag ga kãtá kagy mãn mũ ser: ẽmã tỹ *boa vista*

tóg *20 quilômetros* tá nĩ
tóg pãnõnh tỹ *serra de apucarana* ke tĩ
ẽn tá pã'i kófa xokanban tóg ag tumẽg nĩ vẽ

xokanban tóg ti tũ ag jẽnẽ nĩ vẽ
ag kẽ'ĩg tĩ ag kar ti
ti tóg nẽnũ ũ gém mũ gé
fóg ag vẽnkyn ge jé ser
ag mỹ matata grã nĩm mũ ag to há kỹ

josé ozório tóg 114 ag nĩkrén mũ
ũ ag tóg kẽgter sor nỹtĩ nĩ
vẽnhkaga tỹ *varicela* mré *coqueluche*:

dessa ultima molestia fallecêra uma criança
cujo enterramento assistimos
do cerimonial o que mais chamou a attenção
foi um dos homens do cortejo funebre
ir empunhando uma grande canna
o alimento para a intermina viagem
a qual seria dentro em pouco sepultada
com o cadaver

no relatório do capitão o cadáver não tem nome
não tem sexo não tem história
mas tem destino:

nũgme — a aldeia dos mortos

vēnhkaga kórég tag tóg gĩr ũ tén mũ
ēg tóg ti fón ge vég nỹtĩ nĩ
ag tĩ fón ke tóg inh mỹ vēnhmỹ nĩ
ag kã ũ tỹ vēser fón fã
tóg kỹnỹ ta kãfēg mũ
ag mũnh ge kãtá
tóg ser kãnhmar vēser mré fig mũ

capitū rán ja ki vēser pi jyjy nĩ vē
pi jyjy nĩ vē kar pi kãme nĩ gé
hãra tóg tĩg fã pē nĩ:

nũgme — vēser ag ga ra

Em julho de 1944, o sr. Deocleciano de Souza Nenê, então inspetor especial do Serviço de Proteção aos Índios, encontrou o documento de doação de terras feito pelo Barão de Antonina em meio aos papéis da 7ª Inspetoria Regional, e dele fez uma cópia, arquivada no Museu dos Povos Indígenas do Rio de Janeiro. O registro acima foi retirado do artigo "A presença indígena no vale do Rio Tibagi (PR) no início do século XX", de Lúcio Tadeu Mota, que teve acesso ao documento original.

Prÿg tÿ 1944 ki, sr. Deocleciano de Souza Nenê, kanhgág ag tÿ rĩr fã hã to ẽg tóg *Serviço de Proteção aos Índios* ke tĩ, *documento* vég tóg mũ ag vinvin ja ti vé ké ũ ag mỹ, tóg Barão de Antonina tóg han mũ papé tÿ *7ª Inspetoria Regional* ki kar tóg ser ki *cópia* ũ han mũ kar tóg kanhgág ag *museu* tá vin han fã ke mũ *Rio de Janeiro* tá. Krĩ ki *artigo* tóg: "Kanhgág ag vẽnhmãn ja *Rio Tibagi (PR)* pénĩn, Prÿg mág tÿ XX", kÿ Lúcio Tadeu Mota hã tóg *documento original* ki ve vén mũ.

H. Elliott, fls 1.

João Henrique Elliott escrivão intirino do Juizo Districtal e Tabelião na fórma da lei, & & &

Certifico que revendo os papeis de meu Cartorio, a pedido verbal do Senhôr Capitão José Ozorio Inspector do serviço de Proteção aos Indios e localização de trabalhadores nacionaes, e entre elles encontrei o registro de terras concedidas a o Governo Imperial pelo finado Barão de Antonina para a localização de Indios Coroados, o qual é do theor seguinte, Registre-se, São Jeronymo 7 de Outubro de 1895, F, Souza, Territorio pertencente a o Aldeamenta de São Jeronymo, Os terrenos deste Aldeamento são situados 26 leguas N,N,O da Cidade de Castro, e 11 leguas S,S,E da Colonia Militar do Jatahy, e do Aldeamento de São Pedro de Alcantara, tendo por limites, a o Norte o Rebeirão da Lixigoana e que maia para baixo toma o nome de R, São Jeronymo, desde as suas nascentes até a sua fós no R, Tibagy e o Este o mesmo R, Tibagy, e por este assima até a barra do Rebeirão das Furnas, e a o Sul e S,O, o mesmo Rebeirão até as cabeceiras do dos Piloenssinho e do que pela cordilheira da serra da Esperanga, a Leste pelo Espigão que desso de aguas do R, das Congonhas dos do R, de São Jeronymo, até as vertentes do sobre dito Ribeirão da Lixigoana, Estes terrenos tem pelo menos 6 leguas quadradas de superficio, composta de campos, fachinaes, serrados, pinhais e escellentes mattas de cultura, nas margem do Rio Tibagy, produs todas as plantas frotiferas, e nomais as producões das zonas temperada, são regadas com muitos Rebeiro affluentes do Tibagy, todos elles nas partes superfice, tendo altura sufficiente para serem de montar para qualquer maquinismos, Aposigão deste Aldeamento situado no meio do caminho de Sertão, entre os campos da Fortalesa e a Colonia Militar do Jatahy, serve de socoro a os viandantes, é huma fonte de appoio para a Colonia Militar e Aldeamento de São Pedro de Alcantara, Era oque se continha em dito lançamento a fls,- 1 do L, de lançamento das propriedades do Aldeamento de São Jeronymo, e que tem por titulo o Territorial, O Director, João Ferreira de Miranda Mathilde, & São Jeronymo 5 de Outubro de 1895,

Era o que se continha em dito registro de terras que bem e fielmente extrahi para aqui e me reporto em meu Cartorio e dou fé, Eu Henrique Elliott que o escrevi, comfsri e achei comforme com o proprio original e dou fé,

São Jeronymo 16 de Dezembro de 1910
O Escrivão, João Henrique Elliott

Conféré com o original.

Curitiba, 4 de Julho de 1944.

(Decolecaino de Souza Nenê)
Inspetor Esp. do S.P.I.

Prot. em,
20/10/1944

peste branca

o que um dia foi um tanque americano
passeando pelo centro de saigon
noutro foi uma escolta israelense
patrulhando os subúrbios de ramallah

uma tropa espanhola trotando entre as pirâmides de cusco
um caveirão do bope caçando demônios na cidade de deus
ou uma comitiva do serviço de proteção aos índios
apeando a serra de apucarana
pela margem esquerda do rio tibagi

josé ozório escreveu em seu "relatorio à directoria-geral"
que o *ẽmã* visitado na manhã de 7 de dezembro
era uma ilha de morte: deserto verde cercado de sombras

quase todos estavam mortos assassinados pela peste

os poucos que restavam
— josé ozório contou vinte almas mais o *pã'í* chico telêmaco —
tinham a pele abrasada o suor quase vapor
calafrios no estômago terremoto nos músculos
feridas se abrindo como rosas de pus

eram as *febres palustres* — nomeou josé ozório
era a peste branca — nomearam os kaingang
era a sarna de cristão — nomearam os timbira

a peste embalada em couro europeu e nutrida em sangue azul
foi devastando povos e territórios
como mais tarde igualmente faria
o gás sarin de saddam sobre o solo curdo de halabja
o gás mostarda de mussolini sob o sol etíope de adis abeba
o monóxido de carbono de hitler em auschwitz bernburg
treblinka belzec stutthof jasenovac
:

kaga kupri

ū tỹ kejēn tỹ *tanque americano*
tóg *saigon* kāmī pasa ke tī
kurã ū mỹ *escolta israelense* nī
ag tỹ *ramallah* pénīn mūg tī

porisa *espanhola* ag tóg *pirâmide de cusco* tỹ rĩr mūg tī
porisa tỹ *bope* ag tỹ nén korég ēkrénh mūg tī *cidade de deus* ki
ketūmỹr kanhgág ag tỹ rĩr fã *serviço de proteção aos índios*
ke tĩ ag
tõg re mū *tibagi* pénĩn mū mū ser

josé ozório tóg ti *relatório* ki rán mū
"relatório à directoria-geral"
kỹ ag ēmã ra kagy mū kurã 7 kysã tỹ nejēmro kã
tóg tỹ ga sĩ vēser ag jamã: ga tánh katy mré fēnja

ag kar tóg kēgter mū vēnhkaga kórég tỹ

ū ag kén mū tóg
— josé ozório tóg vēnhkuprig tỹ 20
mré pã'i kēgter nĩkrén mū chico telêmaco —
ti fár tóg tỹ pránh rike nī ti kārān ja tóg vunvun ke tī
nug kāmĩ vugvo mū ti nĩ tóg jỹgjỹ ke mū mré vēnhrỹ ja tóg
rómróm ke mū
kafej fugfo ēn rike

ti rỹ vē — josé ozório tóg jyjyn mū
vēnhkaga kupri — kaingang ag tóg ke mū
cristão krykry vē — *timbira* ag tóg ke mū

monh fár fóg kyvénh tánh ki nī
tóg ga tỹ tū ke mū mré kanhgág ag
tóg ser kar hã han mãn mē
nĩja jygy tỹ *sarin* kri tĩn *saddam* mré ga *curdo* tỹ *halabja*
mussolini nĩja jygy tỹ *mostarda* ti rã *etiope* ēn krēm *adis abeda*

na carne do povo lenape
dos seneca dos shawnee dos ottawa
dos wyandot do povo pottowatomi
a varíola britânica

a varíola ibérica
o sarampo e a coqueluche na carne do povo mexica
do povo de angola dos inca maia mapuche
povo krenak kaimbé goitacá maxakali

a covid na carne
dos irmãos yanomami

corredeira do inferno — assim descreveu josé ozório
a beira da furiosa embocadura do rio tibagi
onde está a rota de entrada para o *ēmã*

mas até o inferno tem dono

o capitão exigiu que chico telêmaco retirasse imediatamente
sua doença e seus doentes daquelas terras
que pertenciam a particulares

— ao *pã'i* e sua família nada pertencia —

chico telêmaco ouviu a exigência
assim como seus vinte moribundos parentes ouviram
ouviu também o velho xokanban
e os cinco milhões de mortos do genocídio indígena:
todos ouviram o grito árido da lei branca
e deram de ombros e levantaram a enxada

enxugaram a dor do peito e o calor dos olhos
carpiram barro e pó: plantaram seus pés e os regaram
com o suor do rosto e da febre e com as cicatrizes
que benzem suas costas cada um de seus pulsos
cada um dos seus lutos criou raiz

vẽser nĩja tỹ hitler tỹ kri vãm ja ti *auschwitz bernburg*
treblinka belzec stutthof jasenovac

lenape ag karnẽ
tỹ *seneca* tỹ *shawnee* tỹ *ottawa*
tỹ *wyandot* tỹ *pottowatomi*
kar *varíola britânica*

kar *varíola ibérica*
tỹ *sarampo* mré *coqueluche* tỹ *mexica*
tỹ *angola* ag kar *inca maia mapuche*
krenak ag *kaimbé goitacá maxakali*

covid tỹ ag fár to sa
ẽg régre tỹ *yanomami*

nũgme ra tĩg fã — ke rán tóg mũ josé ozório ti
goj mág tỹ *tibagi* ki krug kej fã tỹ jũ nĩ
hã tá tóg sa ẽmĩn tỹ kanhgág ag ra tĩg fã ti
nũgme mré hã tóg tỹ vẽnhsũ nĩ: capitũ tóg ge mũ
chico telemaco tóg je ga ẽn kãtá ti tũ ag pan que nĩ
tỹ ũ ag tũ nĩ ti

— ne pi tỹ pã'i ag tũ nĩ —

chico telêmaco tóg mẽg mũ
ti régre tỹ 20 ag tóg mẽg mũ gé
kófa xokanban tóg mẽg mũ gé
kanhgág tỹ pẽnkar kri *milhões* ag kẽgter ja ag
ati kar ag tóg fóg ag *lei* prẽr mẽg mũ
ag tóg ser ag janhmanh ki tãnh kỹ ag mégsym jãgfỹn mũ

ag fe kaga kykũnh mũ ag kanẽ rỹ mré
óré jẽgtẽn mũ ga funfur mré: ag peñ krãn mũ kar mrãnh mũ
ag kãrãn ja tỹ ag rỹ tỹ kar vẽnhrỹja ti
ag tóg ag nin mré nĩgé tógfĩ kygtãg mũ
ũn vẽser ja to jãre han mũ

ali resistiram ali caíram ali ressuscitaram
aterraram seus ossos e fraturas e flechas e agora são terra
camadas da terra a fartura da terra a história a própria terra

e seus fósseis e águas e seus idos e eras e também seu agora:

a terra carnificada
a pele feita de chão
:
território

hã ki tūgtān mū hã ki vár mū hã ki rīgrīr mãn mū
ag kuka mré ag no ki pūn mū ūri ag tóg vé tỹ ga nỹtī ha
ga kāmun sī ga ha tỹ vī ga kāme hã vẽ

kar misu tỹ ga krẽm nỹtī ag mūja hāra ser ūri ge nī ser:

ga tỹ kri vẽser e tỹ vī
ga fár ser
:
ẽg jamā ti

propriedade do homem

8 de dezembro de 1910:
o *ẽmã* da barra do tigre tinha 18 pessoas
algumas meio mortas outras já enterradas
como a terceira esposa do *pã'i* siqueira
abatida pelo tifo assim como quase toda sua gente

das duas esposas que lhe restavam
uma morria muda
a boca magra como um beijo de sede

a outra era uma velha *péin* que carregava
entre as redes as gentes e as tabas
as medicinas da mata e as últimas palavras
de quem partia e de quem ficava

em breve — mulher — agora mesmo — mulher
não haverá mais *ẽmã*
apenas um chão raso de ossos
um futuro plantio de café

já não haverá mãos para cavar a casa na terra
já não haverá mãos para tombar o corpo na tumba

nada podia ser feito por aqueles selvagens
condenados ao pecado e ao sacrifício
concluiu o capitão em seu relatório
somente informá-los que aquelas eram terras particulares
e portanto e de acordo com a lei da nova república
todos os vivos e os mortos deveriam deixá-las imediatamente

o *ẽmã* de limeira do *pã'i* chico feio tinha 117 almas
todas 920 metros planalto acima:
seu clima é ameno tem magníficos campos
para criação e excelentes terras para cultura

fag tỹ ẽg tũ pẽ

kurã tỹ 8 kysã tỹ nejẽmro tỹ 1910:
ẽmã tỹ *barra do tigre* tá 18 ag tóg tá nỹtĩ
ũ ag pi ver kẽgter ja nỹtĩ hãra ũ ag tóg kri gan kỹ nỹtĩ vẽ
pã'i tỹ siqueira tóg prũ tãgtũ nĩ
hãra ũ fi tóg *tifo* tỹ ter ja nĩ ũ ag kóm ke gé

ti prũ régre fag ki nỹtĩ ver
ũ fi tóg vĩ vãnh han kỹ ter mũ
jẽnky sĩ mré vẽsĩn ja ti

ũ fi tóg tỹ péin kófa nĩ nén ũ gég mũ nĩ
ag tỹ tẽ ja to mré ag pénĩn
nén kãmĩ kagta kar ser vĩ pir mré
ũ ag kagy kar mĩ mũ ti

hãra se — ũn tátá — hã tỹ ũri — ũn tátá
pi ẽmã tĩj ma
vé tóg ẽprã kuka tỹ kri kyn kan ka nĩ
kyfe tỹ vajka krãn jé

pi vẽnh nĩgé tĩj ma ga kũm jé
tỹ vẽser tỹ ga nor ki fón jé
ne pi ũn nãn ga ag tỹ han
ag tỹ jykre korég mỹ vẽnh fẽg kỹ ke gé

capitũ tóg ken kỹ rán mũ ser
vé tój ke vẽ ga ẽn tóg tỹ ũ ag tũ nỹ
kỹ ser fóg ag *lei* mré *república* tãg
ũn rĩr mũ mré kẽgter mũ ag tóg ga ẽn ki paj ke nĩ vẽ

ẽmã tỹ *limeira* tỹ pã'i chico feio tóg vẽser tỹ 117 nĩ vẽ
ti kar ag tóg pãnónh kri nỹtĩ ti kãmur tóg kãmur tỹ 920 nĩ vẽ:
tá pi kusãnh gy ny re sĩnvĩ tỹ vĩ
ẽg tỹ nénũ jẽ'ỹn jé kar ẽkrãn jé

e portanto os magníficos campos e as excelentes terras
não pertenciam ao *pã'i* chico feio tampouco a nenhuma
das 117 almas e sim ao governo

— terras desabitadas vagas terras ilimitado deserto —

todos deveriam deixar o lugar imediatamente
e se dirigir ao aldeamento mais próximo

12 de dezembro de 1910:
os *ēmã* de engenho de ferro e poço bonito
de limoeiro e tirajubá não são apenas *ēmã*
são também *tekohá* que é como se diz casa
que é como se diz aldeia que é como se diz
lugar onde somos o que somos em guarani

viviam neles 111 kaingang 104 kaiowá e nhandeva:
todos elles nas margens do tibagy
muito flagellados pelas febres palustres do verão
numerosos casos não só de maleita como de varicella
a população é rachitica e pallida
devido á endemia das febres

eles estavam morrendo aos montes mas estavam morrendo
próximos demais das grandes corredeiras do tibagi
esse rio muitissimo piscoso
é rico em pedras preciosas
a água é grossa e calida a qualquer hora
e amarella côr de topazio

e portanto e de acordo com a lei da nova república
aquelas eram terras e águas e pedras particulares
e todos deveriam deixar o lugar imediatamente

16 e 17 de dezembro de 1910:
ēmã do lambary do *pã'i* candido — restam 97 almas
já devidamente assoladas pelas pestes brancas

ēmã salto do mauá do *pã'i* timotheo — embrenhou-se no mato
e ninguém nem mesmo o bugreiro *schwein* achou seus rastros

kỹ ser re sĩnvĩ mré ga krãn há
pi pã'i tỹ chico feio tũ nỹ kar vēser tỹ 117 ag
vé tóg tỹ *governo* tũ nỹ

— ga katy nỹ kar kuprã tỹ —

ag kar tóg ga ki paj ki nỹtĩ
ēmã kakó ra mũn jé

kurã 12 kysã tỹ nejēmro prỹg tỹ 1910
ag ēmã tỹ *engenho de ferro* kar *poço bonito*
limoeiro ki *tirajubá* kã tá pi tỹ ēmã tỹ vĩ nĩ
tỹ tóg *tekohá* to ĩn ke tĩ
ēg hēre tĩ ēmã to ketūmỹr kanhgág ag ēmã to
jamã tá ēg tóg tỹ ge tĩ *guarani* ki

111 kaingang ag tóg tá ēmãn tĩ 104 *kaiowá* kar *nhandeva:*
ag kar tóg tibagi *pénĩn ēmãn tĩ*
ũ ag tóg *kaga koróg han mũ rỹgrỹg kãn mũ vērỹn to*
varicela mré *maleita e* tỹ vĩ tóg ag ki ke mũ
kaga kãnãn kar tóg nỹtĩ
rỹgrỹg kãn kỹ

kumēr hã kēgter kãn nỹtĩ hāra kēgtigter mũ ser
tibagi *to hã nỹtĩ* tỹ vĩ
goj mág tóg var mág nỹ
ki pó gru e tỹ vĩ
goj tag tóg mág nỹ
rá mỹrér pó mỹrér rike

kỹ ser fóg ag *lei* mré *república* tãg
ga ēn tóg goj mré pó tỹ ũ ag tũ nỹ
kỹ ser ag tóg ga ēn ki paj ke nỹtĩ vē

16 kar 17 tỹ nejēmro kã prỹg tỹ 1910:
ēmã tỹ *lambari* pã'i candido — ki tóg vēser tỹ 97 nỹtĩ gé
ag tóg kaga kupri tỹ kaga kãnãn kãn mũ

ēmã *salto do mauá* pã'i tỹ timotheo — tóg nēn ki rã mũ
kỹ ũ pi ti ve mãn mũ ser *bugreiro schwein* mré hã

mas próximo ao acampamento do cacique timotheo
jazião duas miseras famílias guaranys
atacadas de varicella e extrema penuria
demos algumas latas de leite condensado
medicamentos e dinheiro
para não sucumbirem á fome e á míngua naquelle deserto
onde os gemidos dos infelizes nem encontrarião echo
nos corações generosos — escreveu o capitão josé ozório

19 de dezembro de 1910:
ēmã faxinal do cambará do *pã'i* ferreira
148 kaingang vivendo mansamente numa linda campina
aberta a fogo alto e golpes de machado de pedra

de quantos visitei essa foi a taba mais prospera
a vista cansada da mattaria a limitar-lhe o horizonte
ali espraiou-se deliciosamente numa especie de desafogo
os ranchos são de lasca de pinheiro e os indios possuem
consideravel criação de suinos e alguns cavallos e muares

e portanto e de acordo com a lei da nova república
aquelas eram terras e vistas e pinheiros particulares
e todos deveriam deixar o lugar imediatamente

20 de dezembro de 1910:
ēmã de fachinalzinho do jovem *pã'i* alfredo veigmon
que havia assumido a liderança há poucas semanas
depois que seu pai o velho *pã'i mág* veigmon
morreu de varíola

164 kaingang viviam ali em ótimos ranchos de madeira bruta
entre eles uma menina de treze ou catorze anos
ela tinha raiva nos olhos — diria décadas depois uma parenta
ela tinha delícia no couro — pensaria na mesma hora o bugreiro

tratava-se de um dever de ofício talvez um delito
certamente perdoado por deus e por seu filho
que sentiu nos músculos essa urgência do homem
essa necessidade do homem e esse direito
de propriedade do homem

hāra kasiki timotheo īn to hā
guarany *ag tóg tá nỹ tĩ gé ser*
kaga tỹ varicella *tóg ag tỹ krónh ke mũ kar krunkrónh tỹ vĩ*
ag mỹ ēg tóg reite condensado *ũ vin mũ*
vēnhkagta kar jēnkamo
ag tỹ kokĩr tũ nĩn jé ga katy ēn tá
hē tá ũn prēr mũ ag pi ag á ke mēg mũ
ũn fe há ag — tóg rán mũ capitũ jośé ozório ti

19 tỹ nejēmro prỹg tỹ 1910:
ēmā *faxinal* tỹ *cambará* pā'i ferreira tũ
kaingang tỹ 148 ag tóg re sĩnvĩ kāmĩ nỹtĩ jatun mỹ
pi gru tỹ han mũ kar még tỹ pó tỹ

isỹ pasa ke ja mĩ īn tag tóg ha tỹ jē
kỹ ser krónh nĩ ag kēgter ve ti rã pur kātá
kỹ ser ranh ke mũ
ag īn tóg tỹ fág tỹ ag kỹ nỹtĩ kanhgág ag tóg tỹ tũ nỹtĩ
porko jē'ỹn ag tóg tĩ gé kāvāru mré ke gé

kỹ ser fóg ag *lei* mré *república* tāg
ga ēg tóg tỹ ũ tũ nỹ fág mré hā
ti kar ag tóg ga ēn ki paj ke nỹtĩ vē

20 tỹ nejēmro prỹg tỹ 1910:
ēmā tỹ *fachinalzinho* pā'i kyrũ tỹ alfredo veigmon
ti tóg séfe ki rã ja nĩ pi si tĩ
ti panh pā'i kófa tỹ veigmon tóg ter ja to *variola* hā vē

kaingang tỹ 164 ag tóg tá ēmān mũ
ag īn tóg tỹ ka fár tỹ han kỹ nỹtĩ
ag kāki gĩr sĩ fi tỹ prỹg tỹ 13 ketūmỹr 14
fi kanē kāmĩ fi tóg jũ nĩ — fi kēke ũ fi tugrĩn
fi fár tóg ha tỹ vĩ — *bugreiro* tóg gen kỹ ēkrén mē

hā tóg tỹ nén ũ to rānhrāj ke nĩ
kỹ tóg ser topē mré ti krē tóg ti veñh pāte fón ke mũ
ti nĩ ki tóg mēg mũ nén ũ ti tũ nĩ ti
ag nén ũ to ke pē mré ag tũ pē
tỹ ag tũ nĩn jé

21 de dezembro de 1910:
a 1ª expedição da 7ª inspetoria
foi chamada às pressas de volta à vila de tibagi
onde chegariam na tarde do dia 23

estavam o capitão e o escrevente
os dois soldados o taifeiro os cavalos e as mulas
mas não o bugreiro *schwein*

— *elle desappareceu no mistiforio da noite do dia vinte
e não mais foi avistado por nossos sentinellas* —

essa foi a última menção feita ao meu bisavô
no "relatorio apresentado à directoria-geral"
seu pagamento de quatro contos de réis
consta quitado no "livro de despezas da 7ª inspetoria"

quanto à comitiva:
deveria reagrupar a tropa
encontrar novo guia e rumar para santa catarina

havia assuntos de fronteira e propriedade para tratar
dessa vez com o povo xokleng

21 tỹ nejẽmro prỹg tỹ 1910:
ag mũ tỹ *1ª* tỹ *7ª inspetoria*
tóg japrẽr to furũn mũ ẽmã tỹ *tibagi* ra
ag kurã tỹ 23 rãké ra tá junjun jé

capitũ mré ránrán fã ag tóg tá nỹtĩ nĩ gé
porisia régre ag kãvãru ag mré
hãra *bugreiro schwein* tá tũ nĩ

— *ti tóg ki tũ ke mũ kuty kórég ẽn kãmĩ*
ũ ag pi ti ve mãn mũ ser —

tag hã tó tóg mũ inh *bisavô* ti
"*relatorio apresentado à directoria-geral*" ki
kajãm mũ 4 *contos de réis* tỹ
"*livro de despezas da 7ª inspetoria*"

kỹ ser vẽnhmãn ja to:
ag tóg vẽnhmãn mãn ke nĩ vẽ
ag tỹ mũn jé ũ mré *santa catarina* ra

fronteira kar vẽnh ga tag ag to vãmén jé
hãra ser kanhgág tỹ *xokleng* ag mré

Ministerio da Agricultura, Industria e Commercio

Serviço de Protecção aos Indios e Localisação de Trabalhadores Nacionaes

INSPECTORIA DO PARANA'

Nº 21

Curityba,

Embora já tenhamos enviado ao Snr Sub-Director, um relatorio concernente ás despezas, seria mais uma lacuna a sommar ás deste relatorio, a omissão de informações a esse respeito.

O nosso credito para material foi de, 15:000$000

Credito para brindes   4:000$000

Despesas respectivas   3:988$750

        Saldo---------------------------------- 11$250

Cretido para mobiliario, aluguel de casa, exp, etc. 3:000$000.

Despesas respectivas   2:946$900

        Saldo------------------------------53$100
Credito para Iº expedição, e viagens etc.   8:000$000.
Despesas respectivas.   6:736$000.

        Saldo------------------------ 1:264$000.
        Credito para pessoal.
Inspector---------------------------------------3:040$000.
Escrevente--------------------------------------950$000
            Somma--------------- 3:990$000

        Despesas com pessoal.
Inspector--2:399$997
Escrevente---649$994
            Somma---------------------- 3:049$991

Saldo--------------------------   940$009

Antepenúltima página do "Relatorio apresentado à directoria-geral — anno de 1910" com a lista de despesas da 7ª Inspetoria. O pagamento de Adolf Schwein foi incluído no item "Crédito para 1ª expedição, e viagens etc".

Pỹgĩna ũ kri tỹ "*Relatorio* ag *directoria-geral* mỹ ven ja — prỹg tỹ 1910", ag nénũ kajãm ja *7ª Inspetoria* ag. Adolf Schwein tóg kajãm mũ ki tóg vin mũ "*Crédito para 1ª expedição* ag mỹ".

Ministerio da Agricultura, Industria e Commercio
Serviço de Protecção aos Indios e Localisação de Trabalhadores Nacionaes

INSPECTORIA DO PARANÁ

N° 22

Corityba,

O que concerne á escripturação, etc, constante dos regulamentos e instrucções está sendo feita co' regularidade.

Eis senhor Director, retrospectivamente descriptos os nossos trabalhos que, bem sabemos, estão muito longe de corresponder ao ideial, mas, posso assegurar-vos que, não poupei esforços para desempenhar dignamente a minha missão e corresponder á alta confiança que me depositastes e tanto me lisongeia.

Corityba, II de Fevereiro de 1911.

O Inspector.

José Ozorio

Penúltima página do "Relatorio apresentado à directoria-geral — anno de 1910" com a assinatura do capitão José Ozório.

Pỹgĩna ũ kri "*Relatorio* ag *directoria-geral* mỹ ven ja — prỹg tỹ 1910", capitũ José Ozório hã tóg krẽm rán mũ.

expiação

tia pêdra tem nome de rocha
mas é feita de rio: doce escura e perigosa
seu estado natural é o movimento
torvelinha transbordante
nutre dentro de si
vida selvagem

é estranho ver minha tia no leito
de um hospital
sua pele arada as veias sangas
agora coisa empoçada memória cediça
seus braços grimpas a boca de sal

os olhos fechados — susto — os olhos abertos
o rosto de sono — assombro — o rosto de espanto
e num segundo — suspiro — que que tu tá me olhando?
seu safado jaguara sai já da minha casa tia pêdra disse
sou eu tia o teu sobrinho eu disse foi só um pesadelo
a senhora quer alguma coisa um copo d'água?
não não meu sobrinho ele é bem piazinho né e tu não
tu é homão grande daí tudo cheio de espacinho em branco...
to te vendo bem né? tia pêdra disse
branco... branco... branco...

esses dias eu conheci outro homem branco tia
um tal de protasio paulo langer
pra ser sincero não conheci o protasio
mas um texto que ele escreveu
chamado "descobrimento e encobrimento":

creio que seria oportuno empreender
uma pesquisa profunda
sobre alguns aspectos da conquista
erótica
no próprio sudoeste do paraná

to ki rĩr

inh *tia* pêdra fi tóg jyjy tỹ pó nĩ
hãra tóg goj tỹ ke nĩ: grẽ sá mré jũ pẽ
fi vẽnhvóg tóg ha pẽ nĩ
krug ke mag tỹ vĩ
tóg kãki ke tĩ
nẽn kãmĩ ke

vẽnh mỹ tóg nĩ isỹ inh pá fi ve kỹ
hospital tá
fi fár tỹ vẽnh mỹ nĩ kugjej mré
hãra ser jykre tóg fór nĩ
ti nĩgnó tóg tỹ fágféj nĩ vẽ mré sa

kanẽ nĩfénh kỹ – mũmẽg – kanẽ rugróm kỹ
kakã tỹ nũr nĩ ve – mũmẽg – kakã vẽnhmỹ
kỹ ser – hãm ke – ã ne inh vég nĩ nẽ?
vẽnhmỹmẽ inh ĩn ki kutẽ inh *tia* pêdra fi tóg ke mũ
inh hã tóg tỹ ã *tia* inh régre fi kósin ti isỹ vẽnhpéti ja vẽ
ã nén ũ kron mũ ke isỹ mũ?
vó vó inh régre fi kósin tóg tỹ gĩr sĩ jẽ jo ã pi tỹ ke nĩ
tỹ ã tóg tỹ inh sanh nĩ ha
ã ve há sóg nĩ ke ra? inh *tia* pêdra fi tóg ke mũ
fóg... fóg... fóg...

kurã ũ mỹ sỹ fóg ũ kĩnhrãg mũ
ũn tỹ protasio paulo langer
sỹ ã mỹ kej mũ inh pi ti kĩnhra nĩ
ti tỹ vẽnhrán ti mũ
to *"descobrimento e encobrimento"*:

hãra tóg vẽnhver inh mỹ vẽnhmỹ nỹ
to kanhrãn jé
to kajũ ke ja to
kórég gy
sudoeste do paraná *kãtá*

provavelmente perceberíamos
que a população com algum grau
de ascendência indígena
não descende
de homens

o protasio era professor da unioeste sabe tia?
que é a universidade estadual do oeste do paraná
lá no campus de francisco beltrão a tia lembra?
é a cidade onde nasci
e ele pediu que os alunos perguntassem pros pais
pras tias tios e avós sobre a origem das famílias
e se assustaram — o protasio os alunos e as famílias —
com o monte de gente que descobriu
um antepassado indígena
na verdade: uma antepassada indígena
porque eram todas mulheres muitas
meninas todas
com a mesma história:

entrevistei a minha mãe
segundo ela minha bisavó foi pega
a cachorro no mato

segundo minha mãe
meu bisavô pegou ela a laço no mato
e trouxe para casa
essa faleceu cedo não conheceu os netos

ela foi pega a "laço"
foi roubada para se casar
depois de se casar é que aprendeu o português

minha bisavó era bugre
e foi pega no mato a cachorro

meu pai falou que minha avó
foi achada no mato pelo meu avô

hēre ke mūn ēg tóg vej mē
ag tỹ kahngág
rike nỹtī ti
pi tỹ ag
tū nỹ

protasio tóg tỹ *unioeste* tá tỹ profesor nĩ vẽ *tia?*
hã tóg tỹ *universidade estadual do oeste do paraná*
campus francisco beltrão tá *tia* ã ki kanhró?
hã tá sóg mur mū
kỹ tóg arũnū ag mỹ ãjag panh ag mỹ to vĩ ke mū
ãjag *tias* kar *tios* ãjag véjo ãjag kēke ag to kanhrãn jé
kỹ ag tóg mūmēg mū — protasio mré arũnū ag kēke mré —
ũn e ag vigvenh ja ti
kanhgág si ag
vó: ha vé ha
kỹ kanhgág si fi
fag kar tóg tỹ tátá
tátá kar fag
jag kãme rike kar:

inh nỹ fi mré sỹ vãmén mū
fi tón ki inh bisavó fi tóg
nēn kãmī kasor kēgmī sór

inh nỹ fi tón ki
inh bisavô tóg juján mū nēn kãtá
kỹ ser īn ra fi ma kãtī mū
pi si tī ti ter ti pi ti neto ag kīnhrãg mū

juján kỹ fi tóg kēgmī kỹ nĩ
fi péju ja nĩ fi mén jé
fi mén kỹ hã fi tóg fóg ag vĩ ki kanhrãn mū ser

inh bisavó *fi tóg tỹ* bugre *nĩ*
nēn kãtá fi kēgmī ja nĩ

inh panh tóg inh mỹ tó mū
inh avô hã tóg nēn kãtá fi ve ja nĩ

segundo ele — pai da entrevistada —
estes — os avós da entrevistada —
foram "pegados a cachorro"

tua bisa foi pegada no mato né minha tia disse
e como é que foi?
tua bisa era uma guriazinha ligeira daí
ela correu?
num sei não mas tinha os cachorro daí
que corriam mais que ela né
agarraram nos dente tua bisa no laço meu fîo ela disse
daí teu biso fez amarração nos pé e na goela dela
que era pra ela não se escapá né

no sudoeste do paraná
como no restante da américa
essa conquista
erótica
também teve requintes de crueldade

os bugreiros
— imigrantes eurodescendentes —
— tropas de civis que se especializaram
na guerra de desinfestação do índio
das terras ambicionadas por colonos
alemães e italianos e seus descendentes —
devem ter conquistado significativa parcela
de índias
cujos filhos e filhas e netos e netas
vieram a povoar
o sudoeste do paraná

eu vim a povoar
o sudoeste do paraná

sou um homem cheio
de espaços em branco

tia

branco... branco... branco...

je ti tón ki — fi panh mré vãmén ja —
tag ag — fi mỹnh véia fi mré vãmén jé —
kasor tóg fag kugmĩ ja nĩ

ã *bisa* fi tóg kasor tỹ kẽgmĩ kỹ nĩ ke tĩ ã *tia* fi
mỹ hẽren kỹ ke mũ?
ã *bisa* fi tóg rigfinh gy tỹ vĩ jẽ vẽ
vi vẽnhvó?
inh pi kĩnhra nĩ vẽ hãra tóg tá kasor nỹtĩ vẽ
fi vẽnhvó kãfór
ag jã tỹ *bisa* fi tãnh mũ ẽgje ki ke fi tóg mũ
kỹ ser *biso* tóg fi pẽn mré fi nunh ki ség mũ
fi tỹ kren tũ nĩn jé

tá sudoeste tỹ paraná *kãtá*
kỹ ser américa *kã mĩ ke gé*
gỹjỹ ke mũ tag
jykre kórég han
tóg ki tỹ vẽnyn fã nĩ vẽ

bugreiro *ag*
— imigrantes eurodescendentes —
— tropa civil *ag tỹ vẽnh han mũ*
ag tỹ kanhgág ag tỹ tũ ke sór
colonos *kanẽ mag ag mỹ*
fóg tỹ alemães *kar* italianos *ag* —
ag tóg kahngág ag gỹjỹ ke kãn mũ
hã vẽ ag krẽ fag kar ag krẽ ag kar ag neto *ke gé*
ag tóg ra ẽmãn kãmũ mũ
tá sudoeste *tỹ* paraná *kã tá*

inh sóg ra ẽmãn kãtĩ mũ
tá sudoeste tỹ paraná kã tá

tỹ sóg ũ há nĩ
tá kupri kar

tia

fóg... fóg... fóg...

herança

isto não é um poema é uma dor de parto
:

mỹnh foi perseguida
enquanto nadava no tibagi
ou brincava no mato

mỹnh foi espancada
por ser indígena por ser mulher

mỹnh foi sequestrada
à luz do dia no meio da noite

mỹnh foi estuprada
a violência foi o único sexo que conheceu
:

isto não é um poema é o corpo de uma criança
:

schwein fez dela sua esposa
deu casa com cama lençol e medo
deu comida cicatrizes e cativeiros
deu filhos à força deu ausência
deu a ela tudo que um homem pode dar
deu a ela uma família

da violência de um homem branco
da resistência de uma mulher indígena
nasci

inh sũ pẽ

tag pi tỹ vēnhrá sīnvī nĩ vēnh krẽ mãn rike vẽ
:

mỹnh fi tóg jēfīn tī
hāra *tibagi* ki mrogmro mũ jo
ketūmỹr nēn kāmī kanhir

mỹnh fi tóg rỹnh kỹ jẽ
tỹ kanhgág nīn kỹ kar ūn tátá

mỹnh fi péju ja nĩ
kurã jēngrẽ ki kuty kāmī

mỹnh fi vóg kānān ja nĩ
fi nén kórég kīnhrāg ja hã tóg tỹ vēnhko kórég nĩ vẽ
:

tag pi tỹ vēnhrá sīnvī gīr há vẽ
:

schwein tóg fi tỹ vēnh prũ han mũ
mỹ kri nanh fã kar komerto mré mũmẽg ge nīm mũ mỹ vẽjēn
kar nén ū tỹ mỹ nīm mũ gé ser
mỹ krẽ tāgtū nīm mũ kar ki tũ nĩ ser
mỹ nénū kar vin mũ ū ti fi mỹ nīm ja tũ
fi mỹ kẽke nīm mũ gé

fóg ag jũ kórég
kanhgág tátá fi tar ki tóg
mur mũ

e nascemos todos
como corpo e como povo
:

isto não é um poema é uma herança
:

esta é a história de *mỹnh*
que é como se diz mãe em kaingang
mas poderia ser a história de *hai*
que é como se diz mãe em xetá
poderia ser a história de *daru*
que é como se diz mãe em wapichana
poderia ser a história de *iyá*
que é como se diz mãe em yorubá
:

sou o bisneto do sangrento sonho hegemônico branco
fecho o punho sobre o túmulo da mãe morta
estou vivo
:

esta é a história de *mỹnh*
esta é a minha história

munmur kãn mū
tỹ vẽnh há ag tũ pẽ
:

tag tỹ vẽnhrá sĩnvĩ nĩ tũ pẽ vẽ
:

tag vỹ tỹ *mỹnh* fi kãme nĩ
ã to ẽg tóg mỹnh ke tĩ kaingang vĩ ki
ketũmỹr tóg tỹ *hai* kãme nĩnh mẽ tóg
xetá ki mỹnh ke tĩ
daru kãme nĩnh mẽ tóg ke gé
wapichana ki mỹnh ke tĩ
iyá kãme nĩnh mẽ ser
yorubá ki mỹnh ke tĩ
:

tỹ sóg vẽnhpéti *bisneto* nĩ fóg ag tũ
inh nĩgé ró nĩféj mũ inh mỹnh ter fi kri
rĩr sóg tĩ
:

tag vỹ tỹ *mỹnh* fi kãme nĩ

tia pêdra

gosto de chamar tia pedrolina de tia pêdra
— com ê nunca com é —
explico: o que faz uma pedra ser uma pedra
é o oposto do que faz tia pêdra ser tia pêdra

— seu nome vem do minério seu corpo vem da água —

mas deitada na cama do hospital
tia pêdra é pedra é peso é osso
é o que nunca foi
cansaço
é o que nunca foi
distância
é o que nunca foi
vazio — onde que eu tô quem que é tu cadê o alaor?
tio alaor morreu faz tempo tia
eu sou tua tia?
meio tia meio mãe eu digo e repito dali vinte ou trinta minutos
às vezes um pouco menos às vezes nunca mais

chovia e a cortina do quarto aberta e os olhos abertos
vendo a água cair
acho que falei com os mortos eu disse
mas ela não disse nada
nada vendo a água cair
não falei com os mortos: ouvi os mortos falarem
foi só um sonho ou coisa parecida
mas eu conseguia sentir tudo sabe?
senti a água meio barro a cobra meio gente
a bisa bem menininha me mostrou a casa debaixo do chão
ela falava numa língua que eu não sei

e de repente um trovão
e de repente no mesmo instante e na mesma duração
claro que tu sabe né tu num é burro daí tia pêdra disse

tia pêdra

inh *tia* pedrolina fi mỹ sóg *pêdra* ke kamã nĩ
— ê tỹ inh pi *é* tỹ kã —
nĩm tĩ
mỹ sóg: ẽg ne ke tĩ *pedra* to — fóg ag vĩ ki — tỹ pó nĩ ti
pi rike nĩ sỹ *tia* pêdra to *tia* pêdra ke ti

— fi jyjy tóg pó gru to kãtĩ mũ fi há tóg goj tá kãtĩg mũ —

hãra *hospital* tá nỹ kỹ *tia* pêdra fi tóg
tỹ nén ũ kufy nĩ kar kuka ke gé
pi tỹ ẽn ge ja nĩ
krónh nĩ
pi tỹ ẽn ge ja nĩ
kuvar gy
pi tỹ ẽn ge ja nĩ
kuprã — inh hẽ tá nĩ ã tỹ ũ nĩ jo alaor ti?
tio alaor tóg ter hor *tia*
inh tỹ ã *tia* nĩ?
tỹ inh *tia* kar inh nỹ sóg ge tĩ 20 ketũmỹr 30 *minutos* ki
kejẽn sĩn kỹ kejẽn ũn pir kejẽn inh pi ke mãn tĩ

kutẽ nỹ nĩ inh nãnh fã tá kur jãján kỹ nĩ
tóg róm kỹ nĩ inh kanẽ rumróm kỹ
goj ti kutẽ vég nĩ nĩ
vẽnh mỹ sóg ũn kẽgter ja ag mré vãmén tĩ
hãra fi pi ne tó mũ
goj ti kutẽ vég nĩ kỹ
inh pi ũn kẽgter ja ag mré vãmén mũ: vẽser ag vãmén mẽg mũ
inh mỹ tóg tỹ vẽnhpéti nĩ vẽ
nénũ mẽ kãn sóg tĩ hamẽ?
goj tóg tỹ gó'or rike nĩ pỹnh tóg tỹ ẽg hã nĩ
bisa fi tóg ga krem ĩn sĩ ven mũ
vẽnhvĩ sa ki kagtĩg ẽn

eu poderia jurar que a voz que o estrondo eram a mesma coisa
que tudo vinha do mesmo lugar
que vinha debaixo da cama dela de dentro da boca dela
do fundo do coma dela e eu disse sei?
agora tu sabe meu fîo tu sabe ouvir os morto daí
e eu disse sei?
e ela disse um silêncio e ela disse
acaso tu não tá me ouvindo não?

kejēn tóg tỹrỹr ke mũ
ki hã ke jag mré ke mũ
ki ã tóg kanhró nĩ ã pi vēnh kagtĩg nĩ ke fi tóg mũ *tia* pêdra fi

ã my sóg kej mē vēnhvĩ tóg tỹ tỹrỹr rike nĩ
ti kar tóg tá kãmũ kãn tĩ vē
fi kri nỹj fã krẽm tóg kãtĩ mũ fi jēnky kãtá ke gé
fi ter nỹ ra sóg ke mũ ke tĩ?
kĩnhra ã tóg nĩ ha vēser ag mré vãmén há nĩ ha
kỹ sóg ke mũ?
jatun mỹ fi tóg ge mũ ke fi tóg mũ
vēnh mỹ kãra ã inh mēg nĩ tũ?

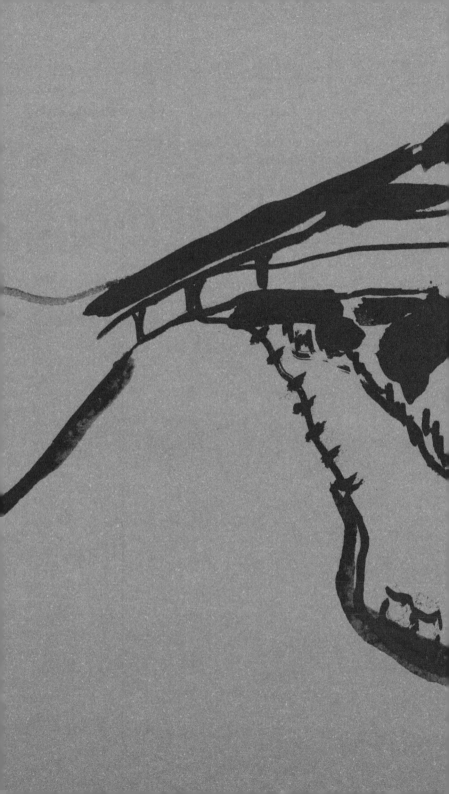

vẽsikã kãtĩ

retorno

mátria

o que faz de mim você — nós — e o que faz de nós — gente?
o que faz da gente — povo — e de um povo — nação?
o que faz de uma nação — país — e de um país — pátria?

o que faz de uma pátria — mãe?

este solo sob seus pés é seu solo e da sua gente?
mas este solo é pátria de quantos povos é chão
de quantas nações?

mas este solo é um país ausente?
que saiu pra comprar cigarros e nunca mais voltou
que bebeu demais espancou os filhos e desapareceu
que está por aí que não está nem aí
que cruzo com ele de vez em quando
que no cala boca da noite toda noite por quinhentos anos
estuprou as filhas:

pátria é palavra fêmea que esconde o pai dentro de si
toda pátria é corpo mesmo a terra é corpo e todo solo é terra
nenhum solo é macho toda terra é útero é ventre é mãe
o corpo da mãe:

mesmo daqueles que vieram de longe
perseguindo sonhos e pesados elos
mesmo daqueles que vieram de longe
perseguidos por lobos e pesados ferros

mãe é quem sustenta seu peso como o peso da terra
mãe é quem dá de comer como a carne da terra
mãe é quem dá de beber como o sangue da terra
mãe é quem abraça sua morte como o fundo da terra
:

a resposta para todas as perguntas
é uma mulher

mátria

ū nỹ ēg tỹ jag hā nỹtī han mū — ēg — ū nỹ ēg tỹ ge tī — ēg ser?
ū nỹ ēg han tī — ja kar — ēg kar — ēg tỹ ge kar?
ū nỹ ēg tỹ ge kar han — ēg jamā mág — vēnh jamā
    mág — *pátria*?

ū nỹ *pátria* han — mỹnh?

ga ti ā pēn krēm nỹtī mỹ tỹ ā tū ag tū nī?
hāra ga tag kar tag mỹ tỹ vēnhkar tū nỹ

hāra ga tag mỹ ēg mỹ vīrīn ke tī?
europa ra sigar kajām vyr kar kātī tū vēsīkā
kron kān tỹvīn kar ti krē kygrēg mū
ēn mī véké tī ti
kejēn sóg ti mré jag vég tī
500 prỹg kuty kāmī
vēnh krē vóg kānān mū:

pátria tóg tỹ fi nī vēnh kāki panh péju tī
pátria kar tóg há nī ga ke gé
ga pi tỹ ti nī
nỹ fi há

kỹ ser ū ag kórgy tá kāmū ja ti
vēnhpéti ēkrénh kāmū kỹ
kỹ ser ū ag kórgy tá kāmū ja ti
kasor mré kyfé kufy tóg ag nón tī

mỹnh fi tóg nénū kar kufy kēgmīg tī ga rike
mỹnh fi hā tóg ēg karnē ko han tī ga kri
mỹnh fi hā tóg ēg goj kron han tī ga kyvénh ēn rike
mỹnh fi hā tóg ēg ter ki nhun ke tī ga nor ēn rike
:

nénū kar ki kanhró nī
ūn tátá fi vē

genealogia

anos atrás meus primos por parte de pai
pesquisaram as origens da família:
nossos avós — o nono e a nona — são de ascendência italiana

meus primos cavaram os fossos de alguns cartórios no paraná
e no rio grande do sul — de onde migraram nossas bisas e tatas
visitaram a europa e retornaram com as duas mãos cheias:
numa estava o passado — um fichário
com nossa árvore genealógica
na outra estava o futuro — um passaporte
com a dupla cidadania

esse fichário rodou as casas dos parentes
e hoje está sepultado no meu armário

— nunca abri nunca fechei nunca soube por quê —

desde pequeno escuto meus nonos e meu pai
segredando em italiano xingando em italiano
cantando em italiano sendo um pouco italianos

por outro lado
minha avó materna morreu antes de eu nascer
meu avô materno não era muito de dizer dizem
que seu pai era guarani e sua mãe portuguesa

nunca vi sair da boca do meu avô
uma única palavra em guarani

fui criado entre carcamanos e bebi do idioma
minha língua madrasta é o português
aprendi inglês e espanhol mas só à beira dos quarenta
foi que ouvi pela primeira vez a voz kaingang

ẽg hẽ tá kãmũ ti

kejẽn inh kanhkã ag inh panh krẽ ag
inh kẽke to jykrén mũ:
ẽg *avós* — *nono* ti kar *nona* fi — tóg tỹ fóg *italiano* nỹtĩ

inh *primo* ag tóg *cartório* kar mĩ kagy mũ
rio grande do sul tá kar *paraná*
hã tá kãmũ mũ ẽg *bisas* fag kar *tatas* fag
europa ra kagy kar nĩgé régre fãn kỹ kãmũ mũ
ẽg nĩgé ũ ki ũn si ag tóg nỹtĩ: rivro
to ka kanhkã ag rán kỹ nĩ
ũ ki *futuro* ti: *passaporte* ti
dupla cidadania ke gé

rivro tag tóg inh kẽke ag kar mĩ vyr mũ
ũri tóg inh ĩn kãkã nĩ

— kẽjẽm vãg tũ nĩ inh —

sa sĩ kã isỹ inh panh kar inh *nono* ag vĩ mẽg tĩ
italiano ki ag mỹ kãnãn kar vĩ há han tĩ
italiano ki tỹnh sĩ han mũ *italiano* ki
tỹ *italiano* nĩ kỹ

jo ser
inh *avó* fi tóg ter mũ sa mur tũ ra
inh *avô* pi to vãmén tĩ tag to
inh panh tỹ *guarani* ra kar inh nỹ fi tỹ *portuguesa* ra

ne pi inh *avô* jẽnky ki kutẽ mũ vẽnhvĩ
guarani ag vĩ ti

isỹ *carcamanos* ag kãmĩ mur kỹ nĩ
vẽnhvĩ kron mũ ser
inh vãmén ũ tóg tỹ *português* nĩ
sa *inglês* kar *espanhol* kanhrãn mũ isỹ 40 prỹg ra
kỹ ser kaingang vãmer mẽg mũ

— num sonho de águas barrentas —

nenhum dos meus tios e primos por parte de mãe
cavou os fossos dos cartórios
em busca de sua origem indígena
poucos tios e primos sabem de sua origem indígena
ainda mais raros são os que dão a isso qualquer importância
ainda mais raros são os que tiram disso qualquer orgulho

— nem uma linha uma vogal um registro —

e na tirania do tempo
esmagada debaixo do empilhamento
das novas memórias e dos novos pertencimentos
a memória ancestral vai se perdendo
:

não sei como *mỹnh* morreu não sei como *mỹnh* viveu
não sei o fim da sua história pouco sei do seu começo
só sei dos seus filhos só sei dos seus netos e sei de mim

sei que hoje te abraço
como quem abraça a terra onde nasceu

— goj tỹ óré to vēnhpéti mū —

inh *tio* ū pi kar inh *primo* inh nỹ fi to
pi *cartório* kūm mū isỹ tỹ kanhgág sĩ ra
ã *tio* kar ã *primo* ag pi kĩnhra nỹtĩ ã tỹ kanhgág ag kyvéj nĩ ti
ã pi ēn mĩ vej mū
ã pi ēn mĩ vej mū ū tỹ to há nĩ ti tỹ kanhgág nĩn kỹ

— vēnhrá tū kar vogaj tū ke gé —

kỹ vãsỹ to ke vē
grón kỹ nĩ nēnū pãgfĩn ja krēm
ēg jykre to kar ēg tỹ nénū to
ēg jykre si tóg tū ke mū
:

hēren kỹ inh *mỹnh* fi ter hēren kỹ fi rĩr mū
inh pi fi kāme to kĩnhra nĩ sĩn kỹ sóg fi pēnjē to kanhró nĩ
fi krē tỹvĩ to sóg kĩnhra nĩ fi *netos* tỹvĩ to sóg kĩnhra nĩ

ūri isỹ ã ki nhun ke mū
ū tỹ ga ki nhun ke mū ēn ge

urgência

quando eu era pequeno aprendi com os mais velhos
com os professores e com os livros
que o lugar onde nasci
era feito de outros lugares

meu tio trabalhava no banco do estado do paraná em 1997
quando lançaram um calendário lindo e todo colorido
homenageando nossas raízes étnicas
por isso se chamava "etnias 1997"
eram elas: japonesa italiana grega holandesa suíça árabe
israelita portuguesa espanhola ucraniana alemã polonesa

aparentemente
quando eu era pequeno não existia indígena no paraná
mas sou testemunha de cada uma de suas mortes:

a primeira morte é a morte da carne
o genocídio
a segunda morte é a morte da memória
o apagamento
a terceira morte é a morte da verdade
o revisionismo: quando a memória coletiva é reescrita
e uma nova memória é exaltada

um exemplo:
é impossível dissociar
a trajetória histórica de curitiba
da história das imigrações

daqueles que aqui escolheram viver
trabalhar e formar suas famílias
neste brasil diferente
que segundo o escritor wilson martins
é o nosso paraná

han to furũn

isỹ sĩ kã sóg ũn kófa ag mré kĩnhrãg tĩ
profesor ag mré kar rivro mré
isỹ jamã tá mur ja ti
tóg tỹ jamã ũ nỹtĩ vẽ

inh *tio* tóg *banco do estado do paraná*
tá rãnhrãj tĩ prỹg tỹ 1997 kã
ag tỹ prỹg nĩkrén fã sĩnvĩ tỹ vĩ kar kororino han mũ kã
ag tỹ ẽg si ag mỹ han ja sĩnvĩ
hã to ag tóg "*etnias 1997*" ke tĩ
tag ag vẽ: *japonesa italiana grega holandesa suíça árabe
israelita portuguesa espanhola ucraniana alemã polonesa* ag

isỹ sĩ kã pi ver *paraná* tá kanhgág tĩ vẽ
hãra sóg ve kãn mũ:

vẽser pir tóg tỹ ẽg karnẽ nĩ
vẽnhkẽgtén fã
vẽser régre tóg tỹ e jykre tũ nĩ
nhyn nhyn fã
vẽser tãgtũ tóg tỹ ẽg ter tỹ mrãnh ke nĩ
kỹ ser: ẽg jykre kar tóg tỹ rán fã há nĩ
ẽg jykre tóg ti kar mỹ há nĩ

ha vé:
ẽg pi kri fij mũ
curitiba *kãme to*
imigrante *ag tũ to*

ũ ẽn ag tỹ tag mĩ mũn jé
rãnhrãj jé kar ag krẽ tỹ rĩr jé
brasil *vẽnhmỹ taki*
escritor *wilson martins tóg ge mũ*
paraná *tóg tỹ ẽg tũ nĩ*

da soma desse leque diversificado de influências
europeias e orientais
emerge a própria identidade cultural da cidade

as palavras estão num livro lançado no ano 2000
"fundação cultural de curitiba — no limiar do novo milênio"
falam da capital como um símbolo dessa síntese étnica
— note: apenas europeia e oriental —
e foram escritas por margarita sansone
prestigiada jornalista literata presidente da fundação
e esposa de rafael greca:
membro da academia paranaense de letras
do instituto histórico e geográfico do paraná
e três vezes prefeito da curitiba

hoje há bugreiros tão cruéis quanto *schwein*
e escreventes bem menos competentes
e muito mais perigosos que o sr. tibúrcio

um exemplo:
a polícia pode descer bala
agora é bala de borracha é bomba
é gás em cima desses índios

e que sejam punidos

vocês sabem das regras
vocês não andam pelados com a cara pintada
vocês vão pra cadeia: quadrilha

os urros são de 2020 e vieram da boca de luciano alves
apresentador do programa "tribuna da massa"
transmitido diariamente pela rede massa
patrimônio da família do então
governador do estado ratinho junior

luciano alves bradava contra os protestos dos kaingang
que vivem no lendário território indígena de rio das cobras
um lugar que já conheceu a morte por outros nomes:
colonização frente pioneira peste branca ditadura
lei de terras escravidão marco temporal — fascismo:

europeu *kar* oriental *ag tag ki nỹtĩ ti*
ag mré nénũ kanhrãn ge ti
tóg jamã ki ke tĩ gé

paravra tag tóg prỹg tỹ 2000 ki rán kỹ nĩ
"*fundação cultural de curitiba − no limiar do novo milênio*"
ag tóg capitar to vãmén tĩ ag vẽnh jẽgja to ke tĩ
− ha vé: *europeia* kar *oriental* tỹ vĩ −
tóg rán kỹ nĩ margarita sansone fi hã
jornalista ha tỹ vĩ fi *presidente da fundação*
rafael greca mrũ nĩ:
tóg tỹ *academia paranaense de letras*
tỹ *instituto histórico e geográfico do paraná*
prefeito tãgtũ han mũ *curitiba*

pi *bugreiro* krĩ korg tĩ *schwein* rike
nénũ rán kórég
sr. tibúrcio jũ kãfór

ha vé:
porisia ag tóg no kanẽ tỹ pĩgpẽg kãn mũ
ũri tóg tỹ no kanẽ tỹ morasa nĩ
kar gás *kanhgág ag kri*

ag tỹ kajãm ge nĩ

ãjag ki kagtĩg
ãjag kator han kỹ mũg tĩ kakã son kỹ
ãjag tỹ *cadeia ra mũnh mũ*

vẽnhprẽr tag tóg 2020 tá kãmũ mũ luciano alves jẽnky ki
tóg *programa tribuna da massa* han tĩ vẽ
tóg ti kar ag mỹ ven tĩ
governador ratinho junior krẽ tũ pẽ

luciano alves tóg kaingang ag kar kato vãmén tĩ
tỹ kanhgág ag jamã tỹ *rio das cobras*
jamã tỹ jyjy ũ ag kẽgter ja kĩnhra nĩ:
colonização frente pioneira peste branca ditadura
lei de terras escravidão marco temporal − fascismo:

hoje
as três mortes acontecem ao mesmo tempo
em toda terra indígena em disputa
em toda narrativa em disputa

um exemplo:
odeio o termo "povos indígenas"
odeio esse termo
odeio
só tem um povo neste país: quer quer não quer sai de ré
é povo brasileiro: só tem um povo
pode ser preto pode ser branco pode ser japonês
pode ser descendente de índio
mas tem que ser brasileiro

a declaração é de 2020
feita pelo então ministro da educação abraham weintraub
economista professor da universidade federal de são paulo
e conselheiro administrativo do banco mundial

outro exemplo:
a cavalaria brasileira foi incompetente
competente foi a cavalaria norte-americana
que dizimou seus índios no passado
e hoje em dia não tem mais esse problema

os índios não falam nossa língua
não têm dinheiro
não têm cultura

no que depender de mim
não vai ter um centímetro demarcado
pra reserva indígena

esses são os desejos e as promessas
do então presidente da república e capitão da reserva
jair messias bolsonaro

ūri
ūn tãgtū ag tóg kẽgter mū
kanhgág jamã mĩ rárá ja ti
vãmén ja ag rárá ja to

ha vé:
inh pi "kanhgág ag" to há nĩ
inh pi ke to há nĩ
to há nĩ
ū ag tóg jamã mág taki nỹtĩ:
to há nĩ
ū ag tóg jamã mág taki nỹtĩ
tỹ povo brasileiro: *tỹ ẽg ūn pir kar nỹtĩ*
tỹ ūn sá mré ūn kupri ketūmỹr japonês *nĩn kỹ*
ketūmỹr tỹ kanhgág kyvẽnh nĩn kỹ
hãra tỹ brasileiro *ke nĩ*

to tój ja tóg tỹ prỹg 22 tỹ ãmrir prỹg tỹ 2020
tóg *ministro da educação* abraham weintraub tỹ han ser
economista professor tỹ *universidade federal de são paulo*
kar *conselheiro administrativo do banco mundial*

tag ve ra:
porisia tỹ *kãru* kri mū kórég ag vẽnhkagtĩg
porisia norte-americana *ag hã tóg ke há han mū*
ag tóg kanhgág ag kãgtén mág mū
hãra pi ūri ge tĩ ha

kanhgág ag pi ẽg vĩ tó tĩ vẽ
pi jẽnkamo tĩ
pi ẽg tū pẽ tĩ ha

jo tỹ inh jykre ki
pi kanhgág ag mỹ kãmun kỹ fij

tag vỹ tỹ ẽg tū nĩ ẽg jykre ti
tỹ *presidente da república* kar *capitão da reserva*
jair messias bolsonaro

elas falam do peso indecifrável do presente
pressionando o vazio brutal da história

como uma mão pressiona um carimbo
sobre uma escritura de terra
como uma mão pressiona uma faca
sobre um peito indígena

ag tỹ ūri nén ū kar kufy to vāmén tĩ
jykre kuprã tỹ kãme kórég tó tĩ

ti nĩgé ū tỹ karĩmo kēgmĩg tĩ
ga rá kri
ti nĩgé ū tỹ rãgro kēgmĩg tĩ
kanhgág fe kri

o sangue da terra

os olhos do sul eram pretos como a dor
de um corpo preto
atravessando o atlântico

a fúria do sul era branca como um corpo branco
atravessando o mundo

sua terra era vermelha
como um corpo kaingang
atravessado de fogo

mas quando o brasil olha para o sul e quando o sul
olha para si mesmo
o que ele vê?

um sul espelho ou um sul muro
e distância?

o brilho das tranças de sol o punho dos braços de mar
somos também barro e madeira
na periferia da sua pele porcelana ou debaixo dela
vive nossa pele preta nossa pele indígena

tinha muito preto no sul e ainda tem
tinha muito indígena no sul e ainda tem

aqui são raiz que funda lar floresta território e as águas
de suas mães e da mãe de suas mães e de seus irmãos
e as rezas e plantas e festas e tragédias de seus ancestrais

o mate não é um bem gaúcho
é kaingang e guarani

o gaúcho não é só ibérico
é preto e charrua

ga kyvénh

sul kanẽ vỹ sá nỹtĩ vẽnhkaga rike
vẽnh há sá tỹ
goj mág tỹ *atlântico* pãte tĩ tĩ

sul jũ vỹ tỹ vẽnh há fóg rike nĩ
mundo pãte tĩ tĩ

ti ga vỹ kusũg nĩ vẽ
tỹ kaingang há rike
pi kru pãte tĩ tĩ

hãra *brasil* tỹ *sul* ki pãvãnh kỹ
jo *sul* ti vẽnhven kỹ ti ne vég tĩ hẽn?

sul mẽn tỹ vẽnhvej fã nĩ ke tu mỹr jyfẽg fã téj
jo kuvar ti hẽn?

rã gãnh to fy ti goj nĩgé tógfĩn ti
tỹ ẽg gó'ór mré pi nỹtĩ
ti fár tỹ kafej kupri ketũmỹr ẽn krẽm
tóg krẽm jamã nỹtĩ fár sá mré kanhgág fár ti ha mẽ

sul tá ũn sá vỹ nĩ ver tóg tá ke nĩ
sul tá kanhgág e tỹ vĩ ve tóg tá ke nĩ

taki tóg jamã han tĩ nẽn kãki ga kãki kar goj mré
ag nỹ fag ti nỹ fi kar ag nỹ fag ag kanhkã mré
ag mỹsér ja ti kar ag ki nénũ kórég tóg ke ja ti

mãti pi tỹ *gaúcho* ag tũ pẽ nĩ
tỹ tóg *guarani* kar kaingang ag tũ ni

gaúcho pi tỹ *ibérico* pẽ nĩ
tỹ ũn sá tóg nĩ kar tỹ *charrua* nĩ

esse é o sangue do sul o sangue que se nega
a ser apagado o sangue esvaído e ressuscitado

o sangue da terra

tag hã tóg tỹ *sul* ki vẽnh kyvéj pẽ nĩ ag pi hãra kri fig tĩ nhyn ag tóg tĩ

ga kyvéj ti

retomada

intifada é o nome da rebelião popular
do povo palestino
contra as forças de ocupação de israel

retomada é o nome da rebelião popular
dos povos indígenas
contra as forças de ocupação do brasil

guerra de libertação é o nome da rebelião
dos povos africanos
contra as forças de ocupação europeias

entre 1974 e 1975
a áfrica faz a desintrusão de portugal
na unha no ebó e na bala
ainda perfumada de cravos

no final da mesma década
do outro lado do atlântico debaixo
de uma ditadura militar
o povo kaingang aterra sua conjura e a nomeia:
retomadas

a primeira aconteceu em rio das cobras no paraná em 1977:
lanceiros de facão na mão flecheiros com cheiro de fogo
diante de três mil colonos e suas winchesters e carabinas
sua cruel revolta de posseiro suas décadas de trabalho duro
as promessas feitas aos filhos e os bolsos vazios de futuro
tantos peitos carregados de enganos

a segunda aconteceu em nonoai no rio grande do sul em 1978:
três mil guerreiros contra trinta e oito anos de invasão
e onze mil e oitocentos colonos com seus pobres arados
e o gado e os porcos e o milho e seus humildes sonhos
utópicos papéis novas famílias e velhas instituições

vyn mãn ge ke tĩ

intifada vẽ ag vēnhmãn kỹ rárá ja ti
palestino ag
israel ag kato

vyn mãn ge ke tĩ ẽg jũ pẽ to rárá
kanhgág ag tũ pẽ
brasil vyn sór nỹtĩ ag

guerra de libertação ẽg jũ pẽ to rárá
ũn sá ga tũ pẽ vẽ ag rárá jyjy ti
europeus ag kato

prỹg tỹ 1974 kar 1975 kã
áfrica vỹ portugal ki kutẽ mũ
vēnh nĩgru ki ebó ki kar no kanẽ ki
cravo tỹ ger há ēn ki

prỹg tũ ke ja ki
goj mág pãte
ditadura militar ki
kaingang ag tóg ga jyjy rán mũ:
vyn mãm ge ke tĩ

ũn ke mũ tóg rio das cobras tá ke mũ prỹg tỹ 1977
no tỹ pẽg há ag rãgro kem nỹtĩ pĩ ger ēn rike
fóg e tỹ vĩ ag jãki ũn tỹ 3 mil tóg nỹtĩ vẽ ag no génh kỹ
fóg jũ mé ag to jũ vẽ ag prỹg e tỹ vĩ ki rãnhrãj ja ki
ag krẽ mỹ ón ja ki ag morso kuprã vé ké jykrén ja ti

ke vén mũ régrég ki nonoai tá ke vẽ rio grande do sul prỹg tỹ
1978 kã: rárá mé tỹ 3 mil 30 prỹg kato ag tá nỹ tĩ ti
11.800 fóg ag tỹ ga vóg jé monh tỹ
kar porko mré gãr kar vénhpéti há ke gé
kanhkã tãg ag ĩn kófa mré

à frente das retomadas e ao lado de outros *pã'i mág*
como nelson xangrê e vicente fokãe
estava o punho dessa luta: ângelo kretã

o cacique que ousou desafiar
os generais do exército e da funai
e concorreu às eleições municipais
pelo partido de oposição:

foi eleito com 170 votos em 15 de novembro de 1976
o primeiro vereador indígena do país

em 29 de janeiro de 1980
o *pã'i mág* ângelo kretã foi assassinado no paraná
em 29 de janeiro de 2011
seu neto ângelo werássin kretã nasceu em curitiba

filho de uma guerreira guarani
a mbyá andréia de fátima
filho de um guerreiro kaingang
o *pã'i* romancil gentil kretã

muitas lideranças morreram — mas todas permanecem de pé —
na linha de frente da luta anticolonial:
tukano forte marcos verón marçal tupã'i paulino guajajara
ângelo pankararé emyra waiãpi simão bororo joão araújo
aldo silva macuxi xicão xukuru estela vera guarani

na garganta desses *pã'i mág* maduraram as palavras
que fizeram da reza poesia de cada *péin* um poeta
fizeram das feridas filosofia de cada *kujá* uma tocha
que atravessa feito flecha as cavernas tribunas e as trevas
fundas como um garimpo redondas como cano de pistola

muitas lideranças nasceram:
sônia guajajara raoni metuktire tuíra kayapó
joênia wapichana ailton krenak davi kopenawa
biraci yawanawá célia xakriabá maurício salvador
iracema gah té

ag jãmĩ ag mré pã'i mág ag mré
nelson xangrê ka vicente fokãe ẽn ag
ag nĩgé tógfĩn mũ ag rárá jé: ângelo kretã

kasiki tag vỹ ag ka to ke mũ
generais do exército kar *funai* ag mré hã
eleições municipais kãnkore ke mũ
partido ũ jo:

tóg 170 *votos* tỹ vẽnhkuprẽg ke mũ
vereador pir tỹ vĩ *brasil* kãki ha mẽ

kurã 29 prãyg tỹ 1980 kã
pã'i mág tỹ ângelo kretã tén ag tóg mũ *paraná* tá
kurã tỹ 29 kysã tỹ janẽro prỹg tỹ 2011 kã
ti *neto* tỹ werássin tóg mur mũ *curitiba* ki

tóg tỹ *guarani* fi tar há fi krẽ nĩ
mbyá andreia de fatima ke tĩ
kaingang tar há krẽ vẽ
pã'i tỹ romacil gentil kretã

pã'i e ag tóg kẽgter mũ — hãra ag kar tóg nỹtĩ tá —
vẽnh jãkã jẽ ag rárá ja tá kanhgág ag jagfy:
tukano forte marcos verón marçal tupã'i paulino guajajara
ângelo pankararé emyra waiãpi simão bororo joão araújo
aldo silva macuxi xicão xukuru estela vera guarani

pã'i mág tag ag vĩ ki paravra ag tóg rãn mũ
topẽ mré vĩ vẽnhrá sĩnvĩ pein tỹ *poeta* han mũ
vẽnhrỹja tỹ jykre há han mũ kujá tỹ pĩ góg han mũ
tóg no tỹ nénũ fĩn rãm mũ
garimpo nig ẽn rike kar no nĩgnó rike

pã'i ũ ag tóg munmur mũ:
sônia guajajara raoni metuktire tuíra kayapó
joênia wapichana ailton krenak davi kopenawa
biraci yawanawá célia xakriabá maurício salvador
iracema gah té

a invasão do *koran-bang-re* não terminou com diogo pinto
sequer com a 1ª expedição da 7ª inspetoria
mas hoje existem muitos nomes para *koran-bang-re*

em algumas partes do mundo ele se chama gaza
em outras se chama chiapas ou saara ocidental
ibirama-la klãnõ e raposa serra do sol

no paraná
uma parte do *koran-bang-re* hoje se chama marrecas
foi retomada em 1984
outra parte se chama *kóho mu* boa vista
em retomada desde 1985

há um pedaço dele que hoje se chama ivaí
e outro faxinal
das retomadas de 1991

e há também rio das cobras
onde o *koran-bang-re*
fez do sal de tantos lutos uma longa rega
e devolveu sua semente
ao ventre ancestral

hãra ūri tóg jyjy tỹ diogo pinto para koran-bang-re
pi ne jy rã mũ *1ª expedição* tỹ *7ª inspetoria*

jamã ũ mĩ ag tóg to *gaza* ke tĩ
ūri ẽg tóg to ge tĩ *chiapas* kar *saara ocidental*
ibirama-la klãnõ mré *raposa serra do sol*

paraná tá
ti kupar ũ mĩ ag tóg to *marrecas* ke tĩ
prỹg tỹ 1984 kã vyn mũ
jo ũ mĩ ag tóg to kóho mu *boa vista* ke tĩ
prỹg tỹ 1985 kã vẽsikã vyn mãn mũ

ti kupar ũ to ag tóg *ivaí* ke tĩ
kar *faxinal*
vẽsikã vyn kỹ nỹtĩ prỹg tỹ 1991 kã

kar tóg *rio das cobras* tá koran-bang-re tá ke mũ
sa tỹ vẽser to kygfỹ ẽn ke han
mũ kri goj kujẽm mũ rike kỹ ser ti fy si tỹ mỹ vin mãn mũ

mãe

preciso te contar uma coisa que descobri sobre você:
sabia que mãe em kaingang
se escreve *mỹnh* mas se fala mãe?

se você estivesse aqui eu te chamaria de *mỹnh*
e não de saudade

tia pêdra morreu
mas converso com ela quase todas as noites

o pai é que vejo pouco já faz quase um ano
tenho medo que a gente acabe se afastando muito
a mana virou mãe de três e filha de oxóssi

enquanto eu escrevia este livro
dezoito anos se passaram sem você mãe
faz mais tempo que tenho tua morte
do que o tempo que te tive comigo

nunca mais voltei ao teu túmulo
você foi sepultada tão longe
lá no sudoeste onde nasceu

hoje eu entendo: você precisava voltar
hoje você é mãe e também é território
hoje eu entendo: também preciso voltar

prometo te visitar em breve aí na tua terra indígena
depositar flores beber um mate
limpar tua lápide jogar conversa fora
dizer que te amo

mỹnh
em breve serei mais velho do que você jamais foi
e precisarei de ti mais do que nunca

mỹnh

inh sỹ ã mỹ nénũ tój ke nĩ sa ã to mẽ ja ti:
ã kĩnhra nĩ kaingang ki
ẽg tóg mỹnh ke tĩ hãra ẽg tóg to *mãe* ke tĩ?

ã ta kã nĩ ra isỹ ã to mỹnh kej vẽ
hãra ã ki tũ ra

tia pêdra fi tóg ter mũ
hãra sa fi mré vãmén tĩ kuty kar mĩ

inh panh hã ve kamãn tũ inh nĩ prỹg pir ser
kamẽ sa nĩ ẽg jagvãm ke ti kumẽr hã
inh régre fi tóg krẽ tãgtũ nĩ *oxóssi* fi kósin fi

sa rivro tag rán mũ jãvo
18 prỹg tóg tĩ mũ ã tũ han kỹ mỹnh
si ha tỹ vĩ ã ter ja ti ha mẽ
sa ã tỹ inh mré kã nĩ kã

inh pi ag vẽnhkej kri kan mũ ẽn ra tĩg mãn mũ
ã tóg kuvar há tá kri kan kỹ ter mũ
tá *sudoeste* tá ã mur ja tá

ũri sa kri fig tĩ: vỹn kej ke ã tóg nĩvẽ
ũri ã tóg tỹ mỹnh nĩ ga ke gé
ũri sa kri fig tĩ: vỹn kej ke sõg nĩ gé

kejẽn sa ã to pasa kej tĩg mũ ã ga ra
ã mỹ kafej vin jé mãtĩ kron jé
ã vẽnhkej kupen jé vãmigmén jé
isỹ ã to há sóg nĩ ken jé

mỹnh
kejẽn sóg kãfãn mũ
inh sóg ã mỹ inh jagfy ké kej mũ

eu tenho a pele encardida de branco mãe
tenho a alma funda de terra
tenho a terra carne de chão
:

hoje você é mãe e também é território
saí do teu ventre
ao teu ventre retorno

inh fár tóg kupri nĩ mỹnh
inh vēnhkuprig tóg nig nỹ ga kāki
ga sóg nĩ ga tỹ karnē ke gé
:

ūri ā tóg tỹ mỹnh nĩ ga ke gé
vēnhkā tá kātĩ mū
isỹ inh mỹnh fi nugror to vēsikā kātĩ

tradução e resistência

Me senti uma parte desse universo lírico e da história contada por Jr. Bellé. Através das páginas, assisti a um filme em preto e branco em que o dilema do meu povo foi muito bem retratado. Sou um indígena do povo kaingang, professor de língua kaingang, e vi a importância de mostrar ao mundo o quanto essa etnia é resistente, e o quanto até hoje ainda resiste. Fico muito feliz por fazer parte desta obra magnífica.

André Luís Caetano é professor e tradutor da língua kaingang, e liderança da Terra Indígena Serrinha, no Rio Grande do Sul.

Inh sỹ ti rán sīnvĩ han ja kãkã nĩ ẽg kãme tó
há han tóg mũ Jr. Bellé ti. Ti rárán jagma isỹ
filme kupri kar sá vég mũ, hãra tóg ki hã rán
mũ ẽg vẽsarénh ja ti. Tỹ sóg kaingang nĩ, kar
profesó kanhgág vĩ ki, kỹ sóg vég mũ ti há nĩ ti,
ẽg ti kar ag mỹ ven jé, ẽg tỹ ga tag tar nỹtĩ ti,
ver ẽg tóg tagmĩ vẽsānsãn mũ. Inh mỹ há tỹ vĩ,
isỹ ti rán sīnvĩ tag kã jẽ ti ke gé.

glossário

Apesar de ser uma língua falada ancestralmente, o kaingang só começou a ser escrito há poucas décadas. Por isso, suas palavras podem ser encontradas em diferentes variações de grafia, a depender da região em que é falado. Para essa obra, me baseei nas normatizações propostas pela professora Ursula Gojtéj Wiesemann em seu *Dicionário Kaingang-Português e Português-Kaingang*. Também foram utilizados os glossários das pesquisadoras Clémentine Tinkamo Maréchal (*Sonhar, curar, lutar: colonialidade, xamanismo e cosmopolítica kaingang no Rio Grande do Sul*), Isabel Cristina Rodrigues (*Vẽnh Jykre si: memória, tradição e costume entre os kaingang da T.I. Faxinal — Cândido de Abreu-PR*) e Joziléia Daniza Jagso (*Mulheres Kaingang, seus caminhos, políticas e redes na T.I. Serrinha*), além dos estudos do professor Wilmar da Rocha D'Angelis (*Pensar o Proto-Jê Meridional e revisitar o Proto-Jê, numa abordagem pragueana*). O site *Kanhgág Jógo* (iel.unicamp.br/kanhgag) e o *Portal Kaingang* (portalkaingang.org) também foram consultados. A escolha final das grafias e a tradução da obra ao kaingang foram feitas por André Luís Caetano, e seguem as características do kaingang falado e escrito na Terra Indígena Serrinha, no Rio Grande do Sul.

ẽmã casa, moradia, habitação, aldeia, terra kaingang.

kamẽ e **kanhru** são as duas metades clânicas e exogâmicas dos Kaingang, a base de sua antiga organização social; *kamẽ* é a metade de sinal reto e *kanhru* a metade de sinal redondo. Além disso, as duas metades são homônimas dos heróis míticos kaingang, os dois primeiros da sua linhagem, como relatado na obra fundamental do etnólogo alemão Curt Nimuendajú, *Etnografia e indigenismo*, publicada em 1913: "A tradição dos Kaingáng conta que os primeiros desta nação saíram do chão, por isso eles tem a cor da terra. Numa serra no sertão de Guarapuava, não sei bem onde, dizem eles que até hoje se vê o buraco pelo qual eles subiram. Uma parte deles ficou em baixo da terra onde eles permaneceram até agora, e os que cá em cima morrem vão se juntar outra vez com aqueles. Saíram em dois grupos, chefiados por dois irmãos por nome *Kañerú* e *Kamé*, sendo que aquele saiu primeiro".

kófa velho, velha; ancião, anciã, detentor/a dos saberes ancestrais.

koran-bang-re território kaingang; campos de Guarapuava; local onde hoje se encontra a cidade de Guarapuava, no Paraná.

kujá curador/a, xamã, sonhador, pajé, líder espiritual.

mỹnh mãe.

nũgme aldeia-mundo dos mortos.

nũgme jãgti um sonho com os mortos ou antepassados.

pã'i chefe de um *ẽmã*, cacique, líder político e social local.

pã'i mág cacique dos caciques, grande liderança política e social.

péin rezador dos velórios; aquele responsável por mexer na terra e nos mortos, ou seja, por preparar e enterrar o corpo de um parente kaingang; todos os *péin* recebem um nome que vem da terra, um nome derivado de *ga* (por exemplo *gatẽ* — terra que voa; ou *gasá* — terra preta).

ũri agora, hoje, tempo atual.

vãsỹ faz tempo, antigamente, tempo antigo, tempo ancestral.

agradecimentos

Este livro não existiria não fossem o carinho e as memórias de minha tia Pedrolina, que inspirou a criação de uma das protagonistas. Durante uma conversa trivial por telefone no começo de 2018, enquanto tentávamos matar um pouco da saudade — ela lá no sudoeste do Paraná e eu em São Paulo —, me falou, quase sem querer, de nossa antepassada indígena. Este foi o estalo, a labareda inicial do livro. Porque é o começo de tudo e por todo o amor que meu deu e até hoje me dá, deixo aqui, tia, minha gratidão e meu coração.

Quem acompanhou a concepção e a produção deste livro desde as primeiras palavras, e ainda neste estágio inicial me ajudou a encontrar os caminhos, foi uma mulher maravilhosa chamada Camila Campos de Almeida. Ela não apenas fez a preparação do original, as primeiras revisões e leituras críticas: ela foi meu coração, minha segurança e esteio. Nunca existirão palavras suficientes para agradecer todo o amor e carinho que recebi de ti: muito obrigado por tudo!

Quando o livro começou a ganhar corpo, e a cultura kaingang surgiu imponente entre os poemas, lá estava a antropóloga Clémentine Tinkamo Maréchal, a quem agradeço muito. Após ler sua pesquisa *Sonhar, curar, lutar: colonialidade, xamanismo e cosmopolítica kaingang no Rio Grande do Sul*, entrei em contato e fui muito bem recebido: foi ela quem abriu as portas para que eu conhecesse pessoas essenciais para essa jornada. Através de Clémentine, conheci a *kujá* Iracema Gah Té, a quem este livro é dedicado. Grande liderança da retomada Gãh Ré, no Morro de Santana, em Porto Alegre, Iracema é a protagonista oculta desta obra. Sua luta, sua resistência, seu conhecimento e o amor profundo e profundamente poderoso pelo povo e pelas raízes kaingang são a inspiração maior de *Retorno ao ventre*. Agradeço também à psicóloga kaingang Rejane Nunes e ao *pa'í* Maurício Salvador, liderança da retomada Konhún Mág, pelas lindas conversas, conselhos e por terem lido e criticado essa obra enquanto ela nascia.

Quem também muito contribuiu para este livro foi meu amigo e professor de kaingang André Luís Caetano, da T.I. de Serrinha, no Rio Grande do Sul. Lembro de ter conversado com

André após uma aula e perguntado se ele poderia fazer a revisão dos termos em kaingang, pois eu estava receoso de tê-los grafado incorretamente. Ele topou. Após ler o original, me mandou uma mensagem dizendo que aquela história merecia ser traduzida integralmente. Fiquei honrado com as palavras e empolgado com a ideia: poucos dias depois já estávamos debruçados sobre a tradução. Pela brandura, pela dedicação a essa poesia e ao idioma kaingang, pelas muitas e longas horas que passamos juntos tentando encontrar os melhores caminhos para a tradução, e especialmente pela amizade que construímos nesse processo: muito obrigado, irmão! Também agradeço imensamente ao professor de kaingang Lorecir Koremág Ferreira, que fez a revisão do livro na versão em kaingang. Por indicação de André, Lorecir se embrenhou nessa obra e seu trabalho iluminou e melhorou nosso esforço coletivo: muito, muito grato!

Este livro certamente não teria a mesma beleza e vigor sem a potência da ilustração de capa, e a excelência artística, de Moara Tupinambá. É um imenso privilégio ter sua arte neste livro: muito obrigado! Agradeço também a Cassis Guariniçara, que, com muita habilidade, paciência e respeito, fez a ponte entre Moara, eu e a editora: sou verdadeiramente grato, Cassis!

Ao terminar o livro, tive medo de não ter atingido a força poética que o tema merecia e exigia. Por isso, remeti o original a autores, autoras e poetas que há muitos anos admiro: Eliane Potiguara, Cristino Wapichana, Kaká Werá, Daniel Munduruku e Auritha Tabajara. Muito obrigado pelo olhar, pelas críticas e elogios que elevaram a qualidade da obra, e também pelo cuidado e consideração com que me receberam. Agradeço duplamente a Eliane, que de maneira muito generosa deixou suas palavras inscritas neste livro. Aproveito para agradecer a grande escritora Mayra Sigwalt, minha colega nas aulas de kaingang, que muito amavelmente aceitou meu pedido, leu a obra e enviou um texto para usarmos na divulgação; e ao Cristino, que também remeteu suas impressões para a promoção da obra: muito obrigado!

Agradeço de coração ao trabalho cuidadoso de toda a equipe da Elefante, nas figuras do meu editor Tadeu Breda e da diretora de arte Bianca Oliveira: vocês foram incríveis! Também registro minha gratidão a minha colega de Sesc Avenida Paulista, a educadora e cientista social Cecília Franco, que leu *Retorno ao ventre* e não apenas sugeriu a Elefante como fez a ponte entre a obra e a editora. Valeu demais, Cecília!

Um obrigado especial ao escritor e editor Rodrigo Lacerda, e aos poetas que tanto admiro, Guilherme Gontijo Flores e Ana Elisa Ribeiro, por terem feito leituras críticas tão sinceras e construtivas. Deixo minha gratidão também ao antropólogo Vitor Jasper, esse irmão que a vida me deu. Ele foi uma das primeiras pessoas a lerem o original, ainda em sua primeira versão. Obrigado pelo olhar, pelo carinho e pelo ombro amigo!

O processo de escrita de *Retorno ao ventre* envolveu uma ampla e exaustiva pesquisa museológica e bibliográfica. Mergulhei em incontáveis documentações históricas, registros de agrimensores, dissertações, teses, artigos, ensaios e livros. Quero deixar minha genuína gratidão a todos que, a despeito das gigantescas e quase intransponíveis dificuldades, pesquisam e se interessam pela memória dos povos indígenas. E faço isso mencionando um pesquisador e professor que foi imprescindível durante toda a trajetória do livro: Lúcio Tadeu Mota. Seus artigos sobre a história ancestral do Paraná, e especialmente seu livro *As guerras dos índios kaingang: a história épica dos índios kaingang no Paraná (1769-1924)*, foram um porto seguro e o ponto de partida para muitos poemas deste livro. Minha sincera gratidão!

E, por fim, obrigado a você, leitor, leitora e leitore, que faz com que a poesia seja luta, e a luta, um caminho para a revolução.

Foto: Fábio H. Mendes

jr. bellé é filho da Dona Bete e do Seu Valcir, nascido em Francisco Beltrão, sudoeste do Paraná, terra indígena ancestral. É mestre em estudos culturais (EACH-USP) e doutorando em estudos literários (PPGL-UFPR). Foi escritor residente da Yaddo, em Saratoga Springs, Nova York, contemplado com a bolsa Abigail Angell Canfield and Cass Canfield Jr. Residency for Writers; e do Art Farm, em Marquette, Nebraska, onde escreveu seu primeiro livro, *Trato de Levante* (Patuá, 2014). A obra teve seus direitos vendidos para o cinema e foi exibida em festivais de poesia e cinema, como Queensland Poetry Festival, na Austrália, e Mammoth Lakes Film Festival, nos Estados Unidos. Publicou ainda a coleção de poemas *amorte chama semhora* (Patuá, 2017) e venceu o Prêmio Flipoços de poesia. Com seu primeiro romance, *Mesmo sem saber pra onde* (Folheando, 2022), venceu o Prêmio Variações de Literatura e recebeu menção honrosa no Prêmio Casa de las Américas, em Havana, Cuba. Com este *Retorno ao ventre*, venceu o Prêmio Cidade de Belo Horizonte, em 2023, na categoria Poesia.

Livro vencedor do Prêmio Cidade de Belo
Horizonte 2023, categoria Poesia

[cc] Elefante, 2024

Esta obra pode ser livremente compartilhada, copiada, distribuída
e transmitida, desde que as autorias sejam citadas e não se faça uso
comercial ou institucional não autorizado de seu conteúdo.

Primeira edição, junho de 2024
Primeira reimpressão, outubro de 2024
São Paulo, Brasil

Dados Internacionais de Catalogação na Publicação (CIP)
Angélica Ilacqua CRB-8/7057

Bellé, Jr.
Retorno ao ventre = Mỹnh fi nugror to vẽsikã kãtĩ /
    Jr. Bellé. – São Paulo : Elefante, 2024.
    168 p.

Obra bilíngue
ISBN 978-65-6008-042-3

1. Poesia brasileira I. Título
24-2105   CDD B869.1

Índice para catálogo sistemático:
1. Poesia brasileira

elefante

editoraelefante.com.br   Aline Tieme [comercial]
contato@editoraelefante.com.br   Beatriz Macruz [redes]
fb.com/editoraelefante   Samanta Marinho [financeiro]
@editoraelefante   Yana Parente [design]

tipografia Aperçu
papéis Cartão 250 g/m² & Pólen bold 70 g/m²
impressão Leograf